数字技术与现代金融学术文库

本书由数字技术与现代金融学科创新引智基地资助
(高等学校学科创新引智基地 B21038)

金融投资组合与资产增长效应:
基于资产不平衡机制的分析

乔晓拓 著

中国财经出版传媒集团
中国财政经济出版社

图书在版编目（CIP）数据

金融投资组合与资产增长效应：基于资产不平衡机制的分析／乔晓拓著．－－北京：中国财政经济出版社，2022.10

（数字技术与现代金融学术文库）
ISBN 978-7-5223-1590-4

Ⅰ.①金… Ⅱ.①乔… Ⅲ.①投资-研究 Ⅳ.①F830.59

中国版本图书馆 CIP 数据核字（2022）第 129602 号

责任编辑：温彦君　　　　　责任印制：党　辉
封面设计：智点创意　　　　责任校对：胡永立

金融投资组合与资产增长效应：基于资产不平衡机制的分析
JINRONG TOUZI ZUHE YU ZICHAN ZENGZHANG XIAOYING
JIYU ZICHAN BUPINGHENG JIZHI DE FENXI

中国财政经济出版社 出版

URL：http：//www.cfeph.cn
E-mail：cfeph@cfeph.cn

（版权所有　翻印必究）

社址：北京市海淀区阜成路甲 28 号　邮政编码：100142
营销中心电话：010-88191522
天猫网店：中国财政经济出版社旗舰店
网址：https：//zgczjjcbs.tmall.com
北京财经印刷厂印刷　各地新华书店经销
成品尺寸：148mm×210mm　32 开　4.875 印张　123 000 字
2022 年 10 月第 1 版　2022 年 10 月北京第 1 次印刷
定价：22.00 元
ISBN 978-7-5223-1590-4
（图书出现印装问题，本社负责调换，电话：010-88190548）
本社质量投诉电话：010-88190744
打击盗版举报热线：010-88191661　QQ：2242791300

前言

  传统的资产定价模型从消费者效用最大化问题出发研究资产定价问题，然而，基于消费的资产定价模型侧重于风险资产的买方，并不涉及风险资产的卖方。而基于投资的资产定价模型则从风险资产的卖方出发，从公司价值最大化问题着手研究投资与收益的关系。Q 理论在基于投资的资产定价理论中最具代表性，然而近年来，一些学者认为 Q 理论与最新的线性因子模型中的投资因子之间存在矛盾。在这一背景下，本书对资产增长效应进行研究，扩展了经典的 Q 理论模型并提出资产不平衡机制，证实了 Q 理论与由总资产增长溢价构建的投资因子之间的一致性。

  本书从生产者角度出发，将传统的仅用实物资产作为生产投入的框架扩展为将短期资产和长期资产均考虑在内的双资本投入 Q 理论定价模型。模型的最优投资条件揭示出了一个新的解释资产增长与股票收益关系的机制——资产不平衡机制，并且这一机制与贴现率无关。资产不平衡机制会导致短期资产增长和长期资产增长的反向变动，两类资产增长中所包含的干扰项削弱了其对未来股票收益的预测能力。但由短期资产增长和长期资产增长加权构成的总资产增长受资产不平衡机制的影响较小，两类子资产增长中的干扰项在总资产增长中相互抵消,所以总资产增长包含更有效的贴现率信息,从而能够更好地预测未来股票收益。同时,短期资产增长对未来股票收益的预测能力并不能被其子资产增长(如现金增长、非现金资产增长)替代,进一步证实了资产不平衡机制的广泛存在性。本书同时选取美国股市和2008年股权分置改革基本完成前后中国A股样本进行实证研究,研究结果表明,美国股市和股改后的中国A股市场均存在显著的资产增长效应,并且资产不平衡机制可以很好地解释总资产增长对未来股票收益较强的预测能力;而股改前的中国A股市场并不存在资产增长效应,资产不平衡机制也较弱,表明中国的股权分置改革是卓有成效的。本书的扩展Q理论与实证结果均验证了资产增长效应与投资Q理论的一致性,表明使用总资产增长指标构建投资因子是合理的。

本书还研究了资产增长效应中收益波动(用收益标准差衡量)和夏普比率的变动模式,发现在资产增长投资组合中,收益波动存在"U型"模式,而夏普比率存在"驼峰型"模式,均有别于平均超额收益的递减模式,并且在资产增长投资组合中,收益波动的最低值和夏普比率的最高值均出现在零资产增长投资组合附近。当扩展到更细分的资产增长投资组合和子资产增长(包括短期资产增长、长期资产增长、股权增长、债务增长)投资组合时,这种模式依旧稳健;此外,这一模式并不受公司规模、市场贝塔和异质性波动等因素的影响。本书进一步发现资产增长投资组合中存在双因子结构,据此构建的包含市场因子和资产增长因子的双因子模型可以很好地解释收益波动和夏普比率的这种特殊模式,模型校准中构建的虚拟资产增长投资组合可以很好地拟合实证中的发现。这一研究结果为实践投资者提供了参考:零资产增长附近的投资组合比一般的市场投资组合更具有投资价值。

本书部分内容引用、参考了诸多国内外相关文献,在此向所有被引用文献的作者表示感谢。本书受中南财经政法大学高等学校学科创新引智基地（B21038）和中南财经政法大学中央高校基本科研业务费专项资金（2722022BQ014）资助。笔者希望尽力将本书写好，但由于水平有限，书中难免出现疏漏，希望读者提出宝贵意见以便及时修改和完善，甚为感谢。

作者
2022 年 7 月

第1章	绪论	(1)
1.1	研究背景及问题提出	(1)
1.2	研究目的及意义	(3)
1.3	研究现状及评述	(6)
1.4	研究内容、方法及技术路线	(12)
第2章	资产定价理论基础和扩展的 Q 理论	(18)
2.1	概念界定	(18)
2.2	有效市场假说与行为金融学理论	(20)
2.3	资产定价理论	(23)
2.4	扩展的 Q 理论模型	(31)
2.5	本章小结	(36)
第3章	美国股市资产增长效应与资产不平衡机制分析	(38)
3.1	扩展 Q 理论中的资产增长效应分析	(39)
3.2	资产不平衡机制与资产增长效应	(50)
3.3	扩展 Q 理论对其他类型资产增长预测能力的影响	(64)
3.4	证券分析师盈利预测与资产增长效应	(69)

3.5 本章小结 ……………………………………………（75）
第4章 股权分置改革前后中国A股市场资产增长效应与资产不平衡机制分析 ……………………………………（76）
 4.1 中国股票市场与美国股票市场对比分析 …………（76）
 4.2 股权分置改革前资产增长效应与资产不平衡机制分析 ……………………………………………………（81）
 4.3 股权分置改革后资产增长效应与资产不平衡机制分析 ……………………………………………………（87）
 4.4 本章小结 ……………………………………………（105）
第5章 资产增长效应中的收益波动与夏普比率变动模式分析 ………………………………………………………（107）
 5.1 资产增长效应中的收益波动与夏普比率 …………（107）
 5.2 资产增长效应中收益波动与夏普比率的稳健性检验 …………………………………………………………（114）
 5.3 资产增长效应中收益波动与夏普比率变动模式的来源分析 …………………………………………………（123）
 5.4 本章小结 ……………………………………………（128）
结论 ………………………………………………………（130）
参考文献 …………………………………………………（133）

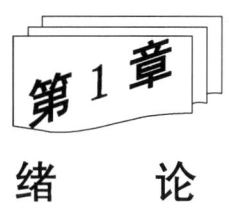

绪 论

1.1 研究背景及问题提出

公司金融与资产定价是金融学两大主流研究领域。公司金融研究如何通过金融工具实现公司的目标，资产定价考虑如何确定这些金融工具或证券的价格，而基于投资的资产定价理论将公司金融与资产定价联系起来。从经典的资本资产定价模型（CAPM）到最新的 Fama – French 线性六因子模型，资产定价领域已经形成了一套比较系统的理论体系，虽然有层出不穷的定价模型，但是定价因子的经济来源一直没有统一的解释，Fama 等理性学派认为有效市场假说是研究资产定价理论的主导框架，主张资产定价与市场有效性不可分离；而 Thaler 和 Shiller 的行为金融学理论则为资产定价提供了有别于有效市场假说的全新角度的解释。

长期以来，基于消费的资产定价模型占据着资产定价领域的主导地位，从 CAPM 到 Fama 和 French 的线性因子模型，理论界和实证界所使用的定价模型大部分以此为基础。然而，基于消费的定价模型仅考虑风险资产的买方，并未考虑风险资产的卖方。1991 年，在新古典投资理论的基础上，Cochrane 等学者创新性地从生产者的资本投入角度研究了资产定价模型，首次从卖方的角度考虑资产定价问题，自此以后，基于投资的资产定价理论获得了快速发展。投资 Q 理论是基于投资的资产定价研究的基石，该理论认为较低的资本成本会刺激更多的投资,所以当前投资可以反向预测未来的股票收益。自投资 Q 理论之后,诸多学者开始侧重从投资角度对资产定价进行研究,Q 理论的观点也多次被研究证实,比如,Titman、Wei 和 Xie(2004),Xing(2008)等的研究均认为历史投资率或者投资增长率与未来股票收益实际上是负相关的。在以美国股市为主要样本的研究中,投资与未来股票收益的负相关关系已被普遍证实。

然而,学者们用来衡量投资的指标各不相同。在所有衡量投资的指标中,Cooper、Gulen 和 Schill(2008)提出的总资产增长变量的应用是最广泛的,原因在于其对未来股票收益有很强的反向预测能力,他们的研究认为,股票市场存在资产增长效应——即资产增长与未来股票收益存在截面上的负相关关系。实际上,Hou、Xue 和 Zhang(2018),Fama 和 French(2018)的多因子线性定价模型中的投资因子均是基于总资产增长溢价构建的,这也进一步证实了学术界对该变量的认可。然而,Cooper、Gulen 和 Ion(2017)对用总资产增长指标来衡量公司投资的做法提出了质疑,其研究认为,投资 Q 理论更适用于实物资产,如长期资产;而基于长期资产增长和短期资产增长构建的投资因子对股票收益的预测能力远不如基于总资产增长构建的投资因子的预测能力——即使用总资产增长构建因子模型中的投资因子与经典的 Q 理论存在冲突。这一冲突也使得从风险角度对资产定价的解释受到了限制。在发现投资因子与 Q 理论之间的矛盾后,本书尝试对 Q 理论进行扩展,并检验扩展的 Q 理论与线性定价模型中的投资因子是否依然存在冲突,以此来验证 Q 理论与投资因子的一致性。

另外,2005 年中国进行了股权分置改革,改革的目的是加速中国股市的市场化进程。近年来,很多学者也从投资角度对中国的资产增长效应进行了研究,但是研究结论并不一致。比如,Li、Liu 和 Wei(2020)等认为中国 A 股市场存在资产增长效应,而

Jiang、Tang 和 Zhou（2018）则认为中国 A 股市场并不存在资产增长效应。为了探究中国资产增长效应的存在性以及以往学者结论不一致的原因，本书也对股权分置改革基本完成前后中国 A 股市场的资产增长效应进行了研究，尝试解释以往研究结论差异的根源，同时检验扩展的 Q 理论在中国 A 股市场的适用性。

此外，在研究资产增长效应与资产不平衡机制时，我们发现资产增长投资组合中收益波动与夏普比率存在区别于超额收益的变动模式。基于此实证发现，本书尝试从均值—方差角度检验资产增长效应，该角度不侧重于资产增长投资组合的平均股票超额收益或资产增长溢价，而是研究资产增长效应中的收益波动和夏普比率的变化情况，并通过构建因子模型对这一实证发现进行解释。

1.2 研究目的及意义

1.2.1 研究目的

本书基于投资 Q 理论和因子模型，从理论和实证角度研究资产增长效应。以 1968 年 7 月至 2018 年 12 月的美国股市和股权分置改革基本完成前后（以 2008 年为分界点）2000 年 7 月至 2018 年 12 月中国 A 股为样本研究资产增长效应和不同资产之间的资产不平衡机制，以此解释总资产增长对未来股票收益的预测能力优于子资产增长预测能力的现象，尝试解决用总资产增长指标构建的最新线性因子模型中投资因子与投资 Q 理论之间的冲突。本书的研究目的总结如下：

（1）扩展基于投资的 Q 理论定价模型，提出子资产增长中的干扰项问题。将传统的仅考虑长期资产投入的模型扩展为同时考虑长期资产和短期资产的双投入定价模型，在设定凸资本调整成本的情况下，公司以市场价值最大化为目标对两类资产进行投资。根据公司价值最大化问题求得的最优投资条件得出三类资产增长与未来股票收益和预期盈利能力的关系式，目的在于通过扩展的 Q 理论模型解释资产定价线性因子模型中投资因子与 Q 理论之间的矛盾。

（2）为扩展的 Q 理论模型中发现的资产不平衡机制提供实证证据。首先，探究资产比例对资产增长效应的影响：控制资产比例会明显提高短期资产增长和长期资产增长对未来股票收益的预测能力。其次，证实在公司层面现金流信息比贴现率信息更重要，通过实证验证短期资产增长和长期资产增长的截面变动主要是由资产比例和预期盈利能力驱动的。最后，基于短期资产增长和长期资产增长的相对排序，构建资产不平衡指标，检验资产不平衡对不同类型的资产增长指标预测能力的影响。

（3）将扩展的 Q 理论模型应用于中国股市，探究股权分置改革前后中国 A 股市场资产增长效应的存在性以及资产不平衡机制的适用性，检验股权分置改革的有效性。本研究假设股权分置改革前后的股票市场存在差异，以股权分置改革为分界点比较两个阶段中国 A 股市场的资产增长效应与资产不平衡机制，分析两个阶段投资对未来股票收益预测能力的差异，并以此来验证股权分置改革的效率。

（4）对研究资产增长效应时发现的收益波动的"U型"模式和夏普比率的"驼峰型"模式进行深入分析，验证其是否受公司规模、市场贝塔及异质性波动等因素的影响，并通过资产增长投资组合的双因子结构对这一模式进行解释。

1.2.2 研究意义

基于消费的资产定价模型中的许多假设使得整个模型无法检验，但基于投资的资产定价模型并不存在这一问题，这也使得基于投资的资产定价模型将发挥越来越大的作用，有可能会成为下一代资产定价模型的主导框架。本书主要研究基于投资的资产定价理论中的资产增长效应。从理论上看，本书扩展了传统的 Q 理论模型，通过引入短期资产和长期资产，将其发展为双资本投入模型，并提出了扩展模型中新的作用机制——资产不平衡机制，本书的研究是对基于投资的 Q 理论框架的补充。本书验证了使用 Q 理论中的总资产增长指标构建线性因子模型中的投资因子具有一定的合理性，并通过扩展的模型解释 Cooper（2017）所提出 Q 理论与线性因子模型中的投资因子不一致的问题，有助于 Q 理论的进一步发展。此外，本书还从均值—方差角度对股票风险收益均衡问题进行了研究，从另一个方面补充了资产增长效应的相关文献。本研究发现资产增长投资组合中收益波动和夏普比率的特有模式，且这一模式普遍出现在零资产增长投资组合附近。在此基础上，本书提出资产增长投资组合中的双因子结构，并构建双因子模型对收益波动和夏普比率的模式进行合理的解释。同时，这一研究也可以扩展到其他投资组合，为以后的研究方向提供了思路。

从实证角度，本书通过对资产增长效应和扩展模型中所发现的资产不平衡机制进行的实证检验发现，美国股市存在资产不平衡机制，据此为现实中的投资者选择投资策略提供思路，比如，由于资产不平衡水平较低的股票组合相对于资产不平衡水平较高的股票组合有更高的资产增长溢价，投资者可以通过买入低资产不平衡股票组合并卖出高资产不平衡股票组合的策略而获得超额收益；零资产增长附近的投资组合有最高的单位风险收益和最低的收益波动，从而比市场组合更有投资价值，倾向于均值—方差分析的投资者可以选择此类投资组合。另外，通过对比股权分置改革前后中国 A 股资产增长效应以及资产不平衡机制可以验证中国股权分置改革的有效性以及基于投资的 Q 理论在中国股市的适用性。

1.3 研究现状及评述

1.3.1 基于投资的资产定价与资产增长效应

Cochrane（1991）用生产者和生产函数替代基于消费的定价模型中的消费者和效用函数，构建从生产角度出发的资产定价模型，发现了投资与未来股票收益之间的负相关关系，在之后的研究中，他进一步构建了投资因子定价模型并得到了相同的结论。自 Cochrane 之后，基于投资的资产定价在理论和实证方面都获得了快速发展。

从理论角度，Liu（2009）等研究了 Q 理论对股票收益的影响，其结论表明，投资与未来股票收益之间存在负相关关系。Berk（1999）、Gomes（2003）、Zhang（2005）、Carlson、Fisher 和 Giammarion（2004）等诸多学者运用考虑投资摩擦的模型来解释美国股市的资产定价现象，如最优投资决策对股票收益的影响，价值溢价和规模溢价等。Xing（2008）则从边际 Q 与股票收益的关系推导出投资与未来股票收益的负相关关系，而平均 Q 是账面市值比的倒数，所以投资与股票收益的负相关关系也可以用来解释价值溢价。Papanikolaou（2011）和 Kogan（2013，2014）指出投资特有的技术冲击会影响新资本产品相对于旧资本产品的效率，从而可以产生较大的截面资产收益，包括价值溢价、投资 Q 溢价、市场贝塔溢价和收益异质性波动溢价。Li（2017）构建的基于投资的定价模型可以同时解释动量效应和价值溢价。

从实证角度，Anderson（2006）的研究证实了投资增长与规模和账面市值比存在一定的联系。Lyandres、Sun 和 Zhang（2008）认为，在资本资产定价模型和 Fama、French 的三因子模型中加入一个投资因子可以大大降低新股发行、股权再融资和可转换债券发行中的抑价现象。Wu 和 Zhang（2010）发现资本投资可以解释应计异象。Liu、Whited 和 Zhang（2009），Liu 和 Zhang（2014），Goncalves、Xue 和 Zhang（2019）则指出公司的最优投资条件可以解释很多横截面资产溢价现象，如价格和收益动量溢价，估值比率溢价和投资溢价等。基于此框架，Hou、Xue 和 Zhang（2015）提出了投资 Q 因子模型。

此外，大部分基于投资的实证研究主要集中在实物资产上，近年来，有些学者开始侧重对其他类型资产的研究。主要包括组织资本、房地产、无形资产、存货以及大量的基于人力资本的资产定价研究。同时，Goncalves、Xue 和 Zhang（2019）将短期资产视为除长期资产之外的第二类生产投入因素，其研究发现，加入短期资产可以减少结构参数的张力并提高对动量溢价和价值溢价的联合解释能力。

在基于投资的资产定价研究中，资产增长效应是指资产增长与未来股票收益的截面负相关关系。Cooper（2008）研究了基于总资产增长变量的资产增长效应，其实证发现，在美国股市中，总资产增长对股票收益的影响比公司规模、账面市值比等传统因素更为稳健，并且资产增长效应可以持续到投资组合形成后的第五年。Kumar（2012）发现资产增长效应在研发能力较低的公司很明显，而在研发能力高的公司并不存在。此外，很多学者如 Titman（2009），Li 和 Zhang（2010），Lam（2011）等都通过实证检验证实了资产增长效应的存在，并试图对资产增长效应进行解释。

除了美国股市，很多学者还对其他国家和地区股市的资产增长效应进行了检验，Gray（2011）以澳大利亚股市为样本，Yao（2011）以亚洲地区金融市场为样本，Li（2012）以全球 23 个发达国家股市为样本，Watanabe（2013）以全球 54 个国家和地区的金融市场为样本的研究发现，大部分金融市场都存在资产增长效应，并且发达国家的资产增长效应要强于发展中国家。

1.3.2 投资与资产增长效应指标选择

在基于投资的资产定价研究中,学者们使用多种不同指标来衡量公司的投资水平。Cochrane(1991)使用总投资与总资产的比率来定义公司的投资水平,并认为这一指标对股票的市场超额收益有很强的预测能力;Cochrane(1996)使用住宅投资增长和非住宅投资增长来衡量投资;Li、Vassalou 和 Xing(2006)用行业投资增长来构建截面收益的定价模型。Zhang 和 Li(2010)使用多个指标来衡量公司的真实投资水平,包括投资总资产比率、资产增长比率、投资增长比率、净股票发行、公司异常投资和净营业资产。

而资产增长效应中的资产增长指标可分为三类:一是净资产增长指标,比如 Whisenant(2003)研究中使用的净经营资产增长率;二是投资增长指标,如 Anderson(2006)提出的衡量公司连续两年投资累计变动情况的投资增长率,Lyandres(2008)提出的衡量固定资产和存货增长相对于往年总资产变化的投资资产增长率;三是公司的总资产增长指标,最具代表性的是 Cooper(2008)的总资产增长率,该指标考虑了所有的资产组成,兼顾了各类子资产之间的协同效应。Cooper(2008)将总资产增长指标与其他衡量投资的增长类指标进行了对比,一是与横向的同类指标对比,如 Solan(1996)、Hirshleifer(2004)和 Zhang(2006)的应计项目,Titman、Wei 和 Xie(2004)的资本投资率和 Lakonishok Shleifer(1994)的销售增长率等;二是与资产负债表中子资产的增长率进行比较,选取资产负债表左侧的现金增长、非现金增长、固定资产增长和其他类资产增长,资产负债表右侧的经营性负债增长、留存收益增长、股权融资增长和债权融资增长,通过对比研究认为总资产增长是最优的衡量公司投资的指标。此外,Lipson(2011)也通过实证比较了各类投资指标,证实了总资产增长指标与股票收益之间的负相关关系最强。目前在众多的衡量投资的指标中,总资产增长是最具有代表性的,本书中的资产增长效应主要是指总资产增长与未来股票收益在截面上的负相关关系。

1.3.3 资产增长效应的经济来源

自从资产增长效应被提出后,学者们就试图对其来源进行解释,有的学者认为资产增长效应是定价错误的表现,有的学者则认为资产增长效应并未脱离理性定价的范畴。在此基础上,学者们分别尝试从有效市场假说和行为金融学理论等角度对资产增长效应进行解释。

当前对资产增长效应的解释主要有两个方向:一是基于错误定价的解释,认为股票的价格脱离了其实际价值,而这种偏离无法在短期内消除,从而产生了资产增长效应。基于这个角度的解释主要包括过度投资和经纪人建立企业帝国、有限套利、投资者对市场信息的错误反应、盈余管理等。二是基于理性定价的解释,主要包括基于Q理论的解释、基于成长期权定价模型的解释、实证验证。

此外,有些学者同时考虑了有效市场假说和行为金融学理论,如Lam和Wei(2011)使用了一套更复杂的套利成本计量方法,发现从行为金融角度和风险角度均可以解释资产增长溢价。也有一些学者试图将资产增长效应与资本融资策略联系起来,Richardson(2003)的研究表明,发行债券和股票是净外部融资效应的一部分;Pontiff(2008)发现供股、重组与并购效应是更广义的股权增长效应的一部分。

虽然资产增长效应的来源并未确定,但显著并稳健的资产增长效应促使最新的线性因子定价模型中将由总资产增长溢价构建的投资因子包含在内。Fama和French(2015)使用红利贴现模型来解释账面价值增长、投资和预期收益的负相关关系。而Hou、Xue和Zhang(2015)在标准Q理论模型的假设下从企业价值最大化问题中推导出了投资和预期收益的负相关关系。尽管两者的动机不同,但两篇文章都使用总资产增长变量来衡量公司的投资水平。然而,用总资产增长这一指标来代表投资受到了 Cooper、Gulen 和 Ion（2020）的质疑，其研究发现，当使用传统的投资方法（长期投资）构造投资因子时，线性因子模型对截面股票收益的解释能力明显降低了。

1.3.4 中国股市的资产增长效应研究

中国股市作为最具有代表性的发展中股票市场，具有很高的研究价值。投资因子被纳入最新的线性因子模型后，部分学者也开始关注中国股市的资产增长效应。起初只是被包含在综合市场中进行研究，如 Titman、Watanabe 等的研究中将中国股市作为发展中国家的样本之一，从跨国比较的角度做了初步研究，他们发现中国股市存在资产增长效应，但并没有进一步分析中国股市资产增长效应的经济来源。随后出现了对中国股市的专门研究，首先是资产增长效应的存在性研究，但结论存在很大分歧。叶建华（2014），Li、Liu 和 Wei（2020）的研究认为中国股票市场存在资产增长效应。尚尔霄和赵世媛（2013）认为我国股市仅在股权分置改革后 2006—2010 年间存在资产增长效应；Qiao（2019）的研究认为中国股市的资产增长效应较弱原因在于中国市场有效性较低，中国的金融市场发展不完善。缪雪梅（2014），Jiang、Tang 和 Zhou（2018）则认为中国的 A 股市场并不存在资产增长效应。王茵田和朱英姿（2011）使用投资支出与固定资产净值之比研究了投资与股票收益的关系；张信东和李建莹（2018）基于投资的研究发现我国股市中的投资无法解释股票收益，而价值因子却发挥着重要作用。更有甚者，于国安（2012）、周铭山（2013）的研究表明，我国股市中的资产增长与未来股票收益之间存在正相关关系。实际上，中国股市资产增长效应的研究受样本选择的影响很大，因为 2008 年股权分置改革基本完成前后的中国股票市场有较大的差别。

另外，学者们也尝试从各个角度对中国股市的资产增长效应进行解释。其中，基于理性预期和 Q 理论的研究主要集中在融资约束、投资成本等角度，从这一角度出发的 Q 理论可以解释我国股票市场的资产增长效应，而基于错误定价的研究则侧重于从过度投资角度对资产增长效应进行解释。尚尔霄和赵世媛（2013）对中国股市的投资与未来股票收益关系的成因进行了研究，发现投资效应存在于我国股市，并认为该效应是由于投资过度引起的。林祺（2016）、吴战篪（2017）的研究与尚尔霄结论一致，认为错误定价中的过度投资是我国股市投资效应的成因。王宜峰和王燕鸣（2012）等结合行为金融学和风险定价理论对上市公司投资对股票收益的影响进行了研究，认为投资水平较高的公司前期股票收益较低，而后期股票收益较高。黄迈（2012）认为投资摩擦假说可以有效解释我国股市的资产增长异象，而叶建华等（2014）的研究支持有限套利假说对股市资产增长效应的解释。

1.3.5 均值—方差角度的资产增长效应研究

当前关于资产增长效应的研究主要集中于对预期股票收益和资产增长溢价的分析，而从风险角度的研究相对较少。马科维茨在其均值—方差框架下，使用方差（标准差）来衡量投资者的风险，然而，由于投资者行为偏好的差异，均值—方差框架一直备受质疑，并且，很多学者提出了不同的风险衡量的方法。

近十年最流行的衡量资产风险的指标是风险价值（VaR），其衡量在特定置信水平下特定区间的资产或组合的最大可能损失，其计算方法主要包括历史法、方差—协方差法和蒙特卡洛模拟法。此外，Ang、Chen 和 Xing（2006）发现，相对于均值—方差框架，下行风险能够更好地预测未来的股票收益，而下行贝塔是很好的衡量下行风险的指标。另一个衡量下行风险的指标是基于随机占优的下偏距，其首次由 Fishburn（1977）提出，并在均值—方差框架受到质疑后得到了广泛应用。尽管衡量风险指标的方法很多，但从风险角度对资产增长效应的研究有限，本书从风险角度对资产增长效应的分析补充了该方向的研究。

1.3.6 国内外研究评述

回顾关于资产增长效应的研究可以发现，美国市场资产增长效应的存在性已经得到普遍认可，而中国股票市场的资产增长效应受样本区间的影响很大，主要原因在于股权分置改革前后市场有效性的差异。在资产定价领域，有效市场假说和行为金融理论并行不悖，对资产增长效应的经济来源，各家学者分执一词，并未有统一的定论。此外，衡量投资的方法有很多种，最新的因子模型中使用总资产增长变量代表投资构建投资因子，但是这也受到了一些学者的质疑。Cooper 等学者的研究认为，用总资产增长指标代表投资来构建投资因子与投资的 Q 理论是不一致的，所以无法从风险角度对资产增长效应进行有效的解释。目前，对资产增长效应的研究主要集中于资产增长溢价，对风险及夏普比率的研究有限。

在以往研究的基础上，我们研究了资产增长效应与投资 Q 理论的内在联系，并进一步分析了资产增长投资组合的特征，通过基于投资的扩展的 Q 理论模型解答了 Cooper 的疑问，认为作为广义的衡量投资的方法，用总资产增长溢价构建投资因子与 Q 理论并不矛盾，扩展的 Q 理论可以很好地解释资产增长效应。在此基础上，我们还进一步从均值—方差角度对资产增长效应进行了研究，发现了资产增长效应中风险的特有模式。

1.4 研究内容、方法及技术路线

1.4.1 研究内容

本书拟对传统的 Q 理论模型进行扩展，通过扩展模型推导出长期资产、短期资产和贴现率以及预期盈利能力的关系，更重要的是对模型中发现的影响投资对未来股票收益预测能力的新机制——资产不平衡机制进行深入分析。在提出扩展模型和资产不平衡机制后,我们进一步对美国股票市场和股权分置改革前后的中国 A 股市场的资产增长效应和资产不平衡机制进行对比研究;此外,还将对资产增长效应中收益波动和夏普比率的特有模式进行深入研究,尝试构建一个包含市场因子和资产增长因子的双因子模型来解释两者的变动模式。本书的主要研究内容总结如下:

(1) 对经典的 Q 理论模型进行扩展。将传统的单资本投入定价模型扩展为同时考虑长期资产和短期资产的双资本投入模型,通过公司价值最大化问题得到最优投资条件,并通过最优投资方程得出长期投资、短期投资和贴现率以及预期盈利能力的关系。此外,对扩展模型中发现的经典 Q 理论模型中未体现出的资产不平衡机制进行分析。基于扩展的 Q 理论模型提出三大推论,认为由于长期资产增长和短期资产增长所包含的信息中均存在干扰项,资产不平衡机制可以很好地解决 Q 理论与线性因子模型中投资因子的冲突,并对三大推论逐一进行验证。

(2) 在扩展的 Q 理论定价模型的基础上,通过实证对美国股市的资产不平衡机制进行深入分析。首先,比较总资产增长与子资产增长对未来股票收益预测能力的差异;其次,探究资产比例对三类资产增长预测能力的影响。在此基础上构建资产不平衡指标,更直观地研究资产不平衡对三类资产增长预测能力的影响与作用机制。

(3) 中、美股票市场代表了两种不同的市场有效程度,而以股权分置改革为分界点,股权分置改革前后的中国股票市场也存在一定的差异。我们拟对股权分置改革前后中国 A 股市场的资产增长效应进行对比研究,并在此基础上检验资产不平衡机制在中国 A 股市场是否发挥作用。同时,对股权分置改革前后对比研究也可以在一定程度上检验股权分置改革的有效性。

(4) 在资产增长效应与资产不平衡机制的研究中,我们发现收益波动与夏普比率有别于超额收益的变动模式,并进一步对这一模式进行深入研究。首先,逐一检验所发现模式的可能影响因素,排除自身因素的影响;其次,尝试构建包含市场因子和资产增长因子的双因子模型对所发现的变动模式进行解释。

1.4.2 结构设计

基于以上研究内容,本书的结构设计如下:

第1章 绪论。首先介绍本书的研究背景和研究意义。在基于投资的资产定价模型和Q理论基础上,以最新研究中Q理论与因子模型中投资因子的冲突为切入点,提出本书的研究问题及目的和意义;其次,总结资产定价领域和资产增长效应的相关文献,包括资产定价中Q理论与因子模型的发展、有效市场假说和行为金融学理论等对资产增长效应经济来源的研究,以及最新的因子模型中投资因子与投资Q理论之间存在的冲突。最后,结合以往文献确定本书的研究思路,并据此规划研究内容、方法和技术路线。

第2章 资产定价理论基础和扩展的Q理论。首先,界定与本研究相关的基础概念,包括资产定价、异象、资产增长效应等。其次,概括性地介绍当前资产定价领域的两大基础理论:有效市场假说和行为金融学理论,并梳理资产定价领域和投资相关的理论模型与因子定价模型的发展历程,对因子模型与均值—方差分析之间的联系进行简单的总结。最后,在以往理论的基础上提出本书扩展的Q理论定价模型,并对模型中的资产不平衡机制进行理论解释,为后文的实证检验提供理论依据。

第3章 美国股市资产增长效应与资产不平衡机制分析。本章主要验证第2章扩展的Q理论定价模型提出的三大推论,检验资产不平衡的作用机制——由于干扰项的存在,两类子资产增长对未来股票收益的预测能力被削弱,而在两者加权得到的总资产增长中干扰项被中和,故而总资产增长能够更好地预测未来股票收益。在实证研究时，选取1968年7月至2018年12月的美国股市样本对模型的假设逐一进行实证检验，以验证资产不平衡的作用机制；随后进一步检验其他类型的资产增长中资产不平衡机制的存在性；最后从行为偏差角度，尝试对证券分析师盈利预测和资产增长效应的关系进行初步分析，从行为金融学角度对资产增长效应和资产不平衡机制进行解释。

第4章 股权分置改革前后中国A股市场资产增长效应与资产不平衡机制分析。本章首先总结中国股市的特点：T+1交易制度、涨跌幅限制等，并详细介绍2005年的股权分置改革，股权分置改革前后中国股市市场化程度有所不同。在此基础上，本书分别选取股权分置改革前后（以股权分置改革基本完成的2008年为分界点）2000年7月至2018年12月的中国A股样本，对中国股市的资产增长效应和本书所提出的扩展的Q理论定价模型进行检验，对比股权分置改革前后中国A股市场上资产增长效应和资产不平衡机制的差异，并以此验证股权分置改革的有效性。

第5章 资产增长效应中的收益波动与夏普比率变动模式分析。本章拟从均值—方差角度研究资产增长效应，并不关注资产增长投资策略中平均超额收益的变化，而是研究收益波动和夏普比率的变动模式。在发现资产增长投资组合中存在"U型"的收益波动和"驼峰型"的夏普比率后，对这一模式进行了稳健性检验，排除公司规模、市场贝塔和异质性波动等因素的影响，结合资产增长投资组合的双因子结构，尝试构建一个包含市场因子和资产增长因子的双因子模型对所发现的收益波动和夏普比率的变动模式进行解释，并通过模型校准验证该模型的有效性。

1.4.3 研究方法

（1）投资组合法。

本书主要基于扩展的Q理论研究资产增长效应及由资产不平

衡机制导致的不同类型的资产增长对未来股票收益预测能力的差异，主要研究方法为投资组合法。首先，基于各类资产增长构造单变量投资组合，研究非条件资产增长溢价，验证资产增长效应的存在性以及投资组合中收益波动和夏普比率的模式；其次，基于总资产增长和各类子资产增长构造双变量分组投资组合，研究资产增长条件溢价，并据此比较三类资产增长对未来股票收益预测能力的强弱；基于资产比例和资产增长构造双变量分组投资组合，检验控制资产比例后，资产增长对未来股票收益预测能力的变化；基于资产不平衡指标和资产增长构造双变量分组投资组合，比较不同资产不平衡水平下各类资产增长的预测能力；基于资产增长和公司规模、市场贝塔、异质性波动构造双变量分组投资组合，排除三种因素对资产增长投资组合中收益波动和夏普比率变动模式的影响。

（2）Fama-Macbeth 回归分析法。

Fama-Macbeth 回归首先以截面数据估计出一组回归系数，通过 Newey-west 调整标准误计算出 t 值，该回归是一个两步截面回归检验方法，从而排除了残差在截面上的相关性对标准误的影响。本书通过 Fama-Macbeth 两步回归法比较总资产增长、长期资产增长和短期资产增长对未来股票收益预测能力的差异，分别考虑单变量回归和同时加入三类资产增长及控制变量的多变量回归，排除规模因素、价值因素、动量因素、盈利能力等的影响。其次，分组进行 Fama-Macbeth 回归，比较不同资产不平衡水平下三类资产增长对未来股票收益预测能力的差异。

（3）因子模型检验。

对构造的资产增长投资组合进行各类因子模型检验，包括 CAPM，Fama-French 三因子模型，Hou、Xue 和 Zhang 的四因子模型，Fama-French 五因子模型检验，通过平均超额收益即资产增长溢价 alpha 的显著性检验判断各个模型对资产增长效应的解释能力，并分析各模型的作用机制，通过对三类资产增长投资组合的因子模型检验，分析长期资产增长和短期资产增长之间的资产不平衡机制。此外，构造包含市场因子和资产增长因子的双因子模型来解释资产增长投资组合中的收益波动的"U型"变动模式和夏普比率的"驼峰型"变动模式。

1.4.4 技术路线

结合上述研究内容与方法，本书的技术路线如图1-1所示：

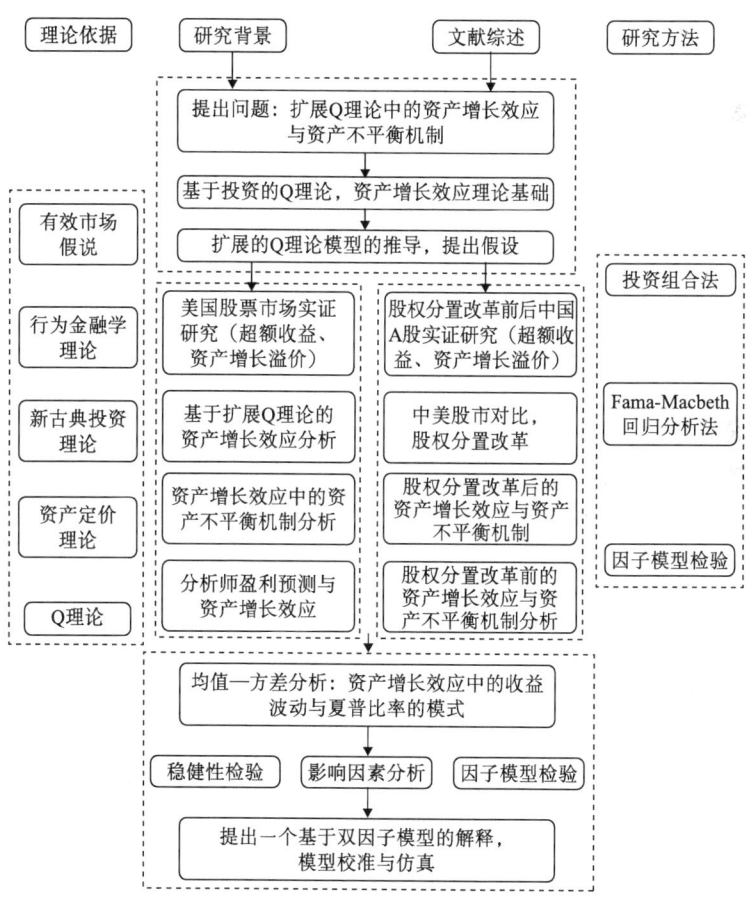

图1-1 技术路线图

第 2 章
资产定价理论基础和扩展的 Q 理论

2.1 概念界定

2.1.1 资产定价与定价模型

资产定价是金融领域的一大主流研究方向,试图解释在不确定条件下未来支付的资产价格或者价值。资产通常是指金融工具或某种证券,而价格是指由市场供需所决定的均衡时的价格。想要确定某一资产的价值,需要计算其未来支付的时间延迟和风险。其中,时间效应是比较容易计算的,而对风险的修正(即不确定性)在资产收益的决定中发挥着更重要的作用,并且使资产定价的研究更具挑战性。在确定性的市场里,资产定价通过将无风险收益率视为贴现因子来贴现资产的未来收益从而得到资产的现值。然而,现实的金融市场中存在很多不确定性,即存在各种风险,所谓风险,是指资产价格的变动趋势与预期的差异。在不确定条件下,资产定价必须考虑风险,投资者需要在风险与收益之间进行权衡,投资者若承受了较高的风险则必须给予其额外的报酬,这就是风险溢价的问题。

所有的资产定价理论都源于一个简单的概念:资产价格等于未来支付的预期折现,即 $P_t = E_t[m_{t+1}x_{t+1}]$($P_t$ 为资产现价,m 为随机贴现因子,x 为资产的未来支付),或者以无风险收益率贴现的未来支付,再加上一个可以反映风险溢价的误差因子,如 $P_t = E(X)/R^f + \text{cov}(m, x)$。资产定价的关键在于将系统性风险即整个市场的变动情况通过随机变量表示出来。当前主要有两大类资产定价方法:均衡定价法与套利定价法。均衡定价法通过分析诸如消费偏好和效用函数等可以反映经济结构的宏观变量,试图找出价格背后风险的经济来源,即挖掘风险溢价的根源,这也是本研究所采用的资产定价基础方法。

传统金融学形成了很多对金融市场具有预测价值的理论,如有效市场假说、资本资产定价模型等。然而,20世纪80年代后,学者们在实证研究中发现证券的市场收益出现了偏离于资本资产定价模型和有效市场假说的现象,这些现象被有效市场假说的支持者称为"异象"。更确切地说,"异象"是指股票市场中未预期的价格行为,可以被投资者利用来获取异常收益。在资本市场中,异象代表着对有效市场假说的偏离,它存在于可预测的非零风险调整收益之中。风险调整收益为零的股票为其风险提供了等价值的收益,而风险调整收益为正的股票为其风险提供了正向超额收益。异象会产生可预测的正向风险调整收益,所以适当的风险衡量方法对于界定异象是十分重要的。当前,没有任何单一的理论可以完整地解释所有的价格行为,从理性角度和行为金融角度都可以对现有的异象进行合理的解释。

2.1.2 基于投资的资产增长效应理论基础

当前资产定价研究中的异象被总结为六大类:动量异象、价值异象、投资异象、盈利异象、无形资产异象和交易摩擦异象。由于资本资产定价模型(CAPM)无法解释资本市场上存在的大量异象,Fama-French 的三因子模型应运而生,其后又进一步发展为六因子模型,同时也出现了很多其他因子模型尝试解释各种异象。当前的因子模型可以解释大部分异象,在所有的异象中,资产增长异象是近年来资产定价研究领域的热点问题,最新的因子模型均选用总资产增长这一变量来构建模型中的投资因子。

Cooper、Gulen 和 Schill 在 2008 年的文章中提出了资产增长效应:公司的总资产增长和未来的股票收益存在很强的反向截面关系,并且资产增长效应可以与其他很多异象联系起来。理性资产定价学派和行为金融学派都对资产增长效应进行了解释。投资 Q 理论可以很好地解释资产增长效应,但随后 Cooper(2017)对用总资产增长变量构建投资因子提出了质疑。我们的研究并不致力于对资产增长效应进行行为金融或者理性定价的解释,而是对用总资产增长构建投资因子与 Q 理论之间的一致性提供理论与实证支持。

2.2　有效市场假说与行为金融学理论

2.2.1　有效市场假说与资产定价

有效市场假说是 Fama 于 1970 年提出并深化的,Samuelson(1965)和 Mandelbrot(1966)的研究为其奠定了基础。根据有效市场假说,股票的风险水平决定其收益,市场上的所有信息都可以及时充分地反映到证券价格上,理性投资者获得了较为准确的信息,证券的价格可以体现其内在价值,因此不会出现定价错误,投资者的投资策略不可能具有长期的超额回报。根据投资者可获取信息性质的不同,Fama 将市场分为三个层次:弱式有效市场、半强式有效市场和强式有效市场。有效市场假说认为在满足三个假设条件时,即投资者拥有全面的信息、理性的信息处理和无套利限制,一个竞争市场会达到一般均衡。违反这些假设时会产生定价错误。有效市场假说是到目前为止金融领域得到广泛认可的系统规则,其强大之处在于首先它可以对很多现象进行解释及预测；其次，它对我们思维有着很强的导向性，当出现定价错误时，我们首先会想到价格相对于有效市场假说出现了偏离；并且它的假设可以引导我们理解为什么股票会出现定价错误。

有效市场假说提出后，很多学者对其进行了深入探讨，但也有部分学者提出了质疑，因为现实的资本市场中存在很多有效市场假说无法解释的异象。一些学者认为，这些异象表明市场对股票存在着错误定价，投资者可以通过分析所获信息中的定价错误，构造相应的投资策略获取超额收益，所以有效市场假说并不成立；也有一部分学者认为异常的超额收益是对额外风险的补偿，符合有效市场假说；而更多的学者认为超额收益是因为投资者没有完全理解所获得的信息，从而在定价时出现了错误，比如价格高估使得股价过度反应；价格低估使得股价反应不足，投资者的非理性是对有效市场假说的挑战。越来越多的学者开始关注这些异象与超额收益，并试图从不同的角度解释超额收益的成因。对市场规模、动量、反转等异象的研究已较为成熟，近年来，学者发现了对未来收益有预测作用的又一异象——资产增长异象，也促使很多学者开始从投资的角度对资产定价进行研究。

2.2.2 行为金融学理论与资产定价

1979 年，Daniel Kahneman 等发表了《期望理论：风险状态下的决策分析》一文，提出了人类风险决策过程的心理学理论，这一理论是行为金融学发展的里程碑。在资产定价领域，有效市场假说假设投资者可以理性地处理信息而没有认知偏差；然而，行为金融学不遵循理性假设，认为投资者行为或认知偏差可以更好地解释证券价格。诸如投资者情绪、过度自信、自我归因偏差、保守主义和代表性启发等偏差会产生对价格的反应不足或过度反应；而诸如损失厌恶类的偏差会使投资者产生不愿意卖出已亏损股票的情绪。

有效市场假说同时认为，即使存在非理性投资者和定价错误，但理性投资者会通过套利迅速地将定价错误纠正；而行为金融学认为套利是存在限制的，在各种客观条件约束下，套利无法剔除有限理性行为的影响。套利限制有很多种，如交易成本、卖空限制、经验套利者的存在、替代品的缺乏、投资者意见分歧、无法获得的价格修正机会（没有足够数量的股票）等均会使股票观测到的价格偏离其基础价值。

行为金融学通过将认知偏差与套利限制结合，试图解释有效市场假说中出现的各种异象。非理性行为还会激发人们对从收益及其波动中推断出的非信息的反应，比如，Shiller（1981）和 Roll（1988）认为股票收益的波动性太大，无法从整体经济、行业或者公司基本面进行解释。Khan、Kogan 和 Serafeim（2012）认为未信息化的需求冲击会使平均收益对个股变动做出反应。

2.2.3 有效市场假说与行为金融学的争论

在资产定价领域，有效市场假说和行为金融学的争论实际上是定量的争论，比如，理性学说可以在多大程度上解释超额收益，而市场价格出现偏离时是错误定价还是错误估算。理性学派诸如 Fama 和 French 等早期认为传统的 CAPM 无法解释的异象是承担了一定的风险后获得的收益，这也是多期资本资产定价模型和套利定价模型的核心，然而风险的来源却无法解释清楚。此外，由于基于消费的资产定价模型并不能合理地解释各种异象，而 Fama – French 的三因子模型补充了规模因子和价值因子，从而成为了资产定价实证研究的主流模型，但是三因子模型中因子的来源是风险还是错误定价一直是存在争议的，在有效市场假说中，要取得超额收益就必须承担相应的风险，而如果控制了风险后仍旧存在超额收益，那么必然是定价存在误差，也正是因为超额收益的存在，有效市场假说和行为金融学派才争论不断。

截至目前，资产定价领域的研究依旧致力于发现一个稳定的因子模型以解释股票收益。而对因子经济来源的探究也仍旧是争论不断，虽然都试图从有效市场或者行为金融学角度进行解释，但仍未形成被普遍接受的统一体系。

2.3 资产定价理论

2.3.1 新古典投资理论与 Q 理论

消费与投资的选择问题一直以来是宏观经济研究的主要方向，Clark（1917）的加速原理和 Keynes（1936）的乘数原理是学者们最初分析企业投资行为的基石。20 世纪 20 年代以来，Jorgenson（1963），Eisner 和 Strotz（1963）等学者提出了新古典投资理论，将投资与厂商的跨期最优选择联系起来，在投资函数中加入了投资品价格和资本调整成本。1969 年，Tobin 提出了经典的 Q 理论，后续学者的研究将 Q 理论归结为新古典投资理论的一种表现形式。Lucas 和 Prescott（1971）引入不确定性，弥补了新古典投资理论和 Tobin Q 理论的不足。在此基础上，Cochrane（1991）最早从生产角度提出了基于 Q 理论的资产定价模型。

早期的加速原理存在一定的缺陷，其假定企业为资本的租赁者，而现实中，大多数情况下企业是资本的拥有者，必须承担价格变化所带来的风险；并且因未考虑企业的长期利率，企业的最优跨期选择问题也未得到很好的解决。在新古典理论的基础上，Jorgenson（1963）提出新古典投资理论，该理论假设企业以长期利润最大化为目标来研究企业的最优投资行为。企业利润最大化可表现为如下形式：

$$Max \sum_{t=0}^{\infty} \frac{Y_t - W_t L_t - P_t I_t}{(1+r)^t} \qquad (2-1)$$

式中，Y 为产出，W 为工资，L 为劳动投入，P_t 为 t 期的投资价格，I 为投资量，r 为市场利率。其中 t 期的生产函数，$t+1$ 期和 t 期资本存量（K_{t+1} 和 K_t）的关系可分别表示为如下形式（δ 为折旧率）：

$$Y_t = F(K_t, L_t) \qquad (2-2)$$

$$K_{t+1} = I_t + (1-\delta)K_t \qquad (2-3)$$

方程（2-1）的企业利润最大化时的最优投资可以通过以下拉格朗日函数获得：

$$\Phi = \sum_{t=0}^{\infty} \left\{ \frac{Y_t - W_t L_t - P_t I_t}{(1+r)^t} + \lambda_t [I_t + (1-\delta)K_t - K_{t+1}] \right\}$$
$$(2-4)$$

分别对式（2-4）中 I_t 和 K_t 求导并令其等于 0，可以得到最优条件（λ 为拉格朗日乘数）：

$$\frac{P_t}{(1+r)^t} = \lambda_t \qquad (2-5)$$

$$F_K = rP_{t-1} + \delta P_t - \Delta P_t \qquad (2-6)$$

同时还可以得到以下横截性条件：

$$\lim_{t \to \infty} \frac{\lambda_t K_{t+1}}{(1+r)^t} = 0 \qquad (2-7)$$

式（2-6）中左侧 F_K 为资本的边际收益，右侧为资本的边际成本。企业的最优投资条件表明企业应当持续进行投资，直至其投资的边际收益等于投资的边际成本。式（2-7）中的横截性条件表明企业在无限期的资本现值为零。本质上看，加速原理其实是新古典投资理论的特例，最初的新古典投资理论存在一定的缺陷，为了解决这一问题，Eisner 和 Strotz（1963）引入资本存量调整时所需的成本，构建了一个存在调整成本的投资模型，通常也称为 Q

理论投资模型。

假定一个由 N 个企业组成的行业,全行业的资本存量为 K_t,忽略获得和安装新机器等成本,一个代表性企业在 t 时刻的利润与其资本存量 k_t 成正比,同时随着行业资本存量 K_t 递减,$\pi(K_t)$ 为资本的边际收益,企业的利润可以表示为 $\pi(K_t)k_t$,其中 $\pi'(K) < 0$。假设企业调整其资本存量是有成本的,且调整成本 $C(I_t)$ 为资本存量 k 的凸函数,这表明企业并不能随意地改变资本存量,边际调整成本随着调整规模递增。假设资本品的价格为 1,折旧为 0,则在 t 时刻,$k_t = I_t$。在这些设定的基础上,企业的最大化利润的现值可以表示为:

$$\Pi = \int_0^\infty e^{-rt}[\pi(K_t)k_t - I_t - C(I_t)]dt \qquad (2-8)$$

在连续时间下,要解决利润最大化问题首先要建立 Current-value Hamiltonian 函数:

$$H(K_t, I_t) = \pi(K_t)k_t - I_t - C(I_t) + q_t I_t \qquad (2-9)$$

根据上述假定条件可以计算出:

$$1 + C'(I_t) = q_t \qquad (2-10)$$

$$\pi(K_t) = rq_t - \dot{q}_t \qquad (2-11)$$

$$\lim_{T \to \infty} e^{-rt} q_t K_t = 0 \qquad (2-12)$$

上述三个方程描述了企业的最优投资行为。式(2-10)左侧为获得 1 单位资本的成本(购买价格加上边际调整成本),右侧 q_t 为每增加 1 单位的额外资本给企业带来的收益。该式表明,企业将持续进行投资,直至其获得资本的边际成本等于其边际收益。式(2-11)意味着,对任意的 $T > t$ 有:

$$q_t = \int_t^T e^{-r(\tau-t)}\pi(K_\tau)d\tau + e^{-r(T-t)}q^t \qquad (2-13)$$

由式(2-12)的横截性条件可知式(2-13)右侧第二项为 0,故有:

$$q_t = \int_t^\tau e^{-r(\tau-t)} \pi(K_\tau) d\tau \qquad (2-14)$$

式（2-14）表明在给定时间下，1 单位资本的价值等于其未来边际收益的现值。在引入了资本存量调整机制后，Gould (1968)、Treadway (1969)、Uzawa (1969) 以及 Lucas (1967) 等学者相继引入了投资成本函数，进一步完善了新古典投资模型。并且 Lucas 和 Prescoot (1971) 的研究发现改进的新古典投资模型与托宾的 Q 假说近乎一致。

2.3.2 资产定价模型

在新古典投资模型的基础上，Sharpe (1964) 和 Mossin (1966) 相继提出资本资产定价模型。随后，Black (1972) 等首先用美国股市样本对该模型进行了实证检验，Fama 和 Macbeth (1973) 用滚动截面回归法对 CAPM 进行了进一步的实证检验。但是，CAPM 只是从市场风险溢价这一角度解释资产定价的单因子模型，其后的学者相继提出了规模、杠杆、账面市值比等影响资产定价的其他因素。Fama 和 French 在 CAPM 考虑市场风险因素的基础上加入规模（Size）效应和账面市值比（B/M）效应，提出了三因子模型，促进了资产定价理论的发展，其后，诸多学者对三因子模型进行了改善和修正，如 Carhart 等将动量因子纳入三因子模型中，进一步提出了四因子模型。

随着越来越多的学者开始从投资角度研究资产定价问题，将投资因子纳入资产定价理论体系也成为必然。Hou、Xue 和 Zhang (2015) 总结了以往学者基于投资的研究，综合考虑了盈利因素和投资因素，构建了投资 Q 因子模型，并用该模型检验美国股票市场投资与收益的关系，发现了投资效应——投资与预期股票收益具有截面上的负相关关系。Fama 和 French (2015) 也将盈利因子和投资因子加入其三因子模型中，构建了五因子资产定价模型，该模型在解释美国股市截面收益时的表现优于三因子模型，新因子的加入将资产定价理论提到了一个新高度。在最新的因子模型发展中，Fama 和 French 在其五因子的基础上加入动量因子，构成了最新的六因子模型。同时，Hou、Xue 和 Zhang 在其 Q 因子模型的基础上又加入预期投资因子，形成了 Q5 因子模型。到目前为止，两大因子模型已形成分庭抗礼的局势，同时还有很多其他因子模型，主要包括 Stambaugh 和 Yuan（2017）的"错误定价"因子模型，Daniel、Hirshleifer 和 Sun（2020）的"行为金融"三因子模型以及 Barillas 和 Shanken（2018）的六因子模型。表 2-1 总结了主流资产定价模型的发展过程及其包含的因子类型。

表 2-1　　　　　资产定价模型发展历程

时间	模型	市场因子	市值因子	价值因子	投资因子	盈利能力因子	预期投资因子	动量因子
1961	CAPM	√						
1992	Fama–French 3	√	√	√				
2015	Q–factor	√	√		√	√		
2015	Fama–French 5	√	√	√	√	√		
2018	Fama–French 6	√	√	√	√	√		√
2018	Q5–factor	√	√		√	√	√	

2.3.3　基于消费/投资的资产定价模型

最早的 CAPM 是基于消费的定价模型。考虑一个两期均衡模型，市场具有新古典经济学的三个决定性特征：机构有理性预期；消费者效用最大化和公司股本市场价值最大化；市场出清。

假设有两个时期 t 和 $t+1$，并且市场由一个代表性家庭和异质性公司组成。代表性家庭使其消费效用最大化，$U(C_t) + \rho E_t [U(C_{t+1})]$，其中，$\rho$ 为时间偏好系数，C_t 和 C_{t+1} 分别为两个时期的消费支出。令 P_{it} 为除息股权，D_{it} 为公司 i 在 t 期的股息，则消费效用最大化的一阶条件为：

$$P_{it} = E_t[M_{t+1}(P_{it+1} + D_{it+1})] \Rightarrow E_t[M_{t+1}r_{it+1}^s] = 1 \quad (2-15)$$

式（2-15）中，$r_{it+1}^s = (P_{it+1} + D_{it+1})/P_{it}$ 为公司 i 的股票收益，$M_{t+1} = \rho U'(C_{t+1})/U'(C_t)$ 为随机贴现因子，式（2-15）可以进一步转化为：

$$E_t[r_{it+1}^s] - r_{ft} = \beta_{it}^M \lambda_{Mt} \quad (2-16)$$

其中，$r_{ft} \equiv 1/E_t[M_{t+1}]$ 为实际利率，$\beta_{it}^M \equiv -Cov(r_{it+1}^s, M_{t+1})/Var(M_{t+1})$ 为消费贝塔，$\lambda_{Mt} \equiv Var(M_{t+1})/E_t[M_{t+1}]$ 为消费风险的价格。

方程（2-16）即为消费资本资产定价模型，该模型首先由 Rubinstein（1976）、Lucas（1978）和 Breeden（1979）推导得出，而 Treynor（1962）、Sharpe（1964）、Lintner（1965）和 Mossin（1966）改进的 CAPM 是将模型中的效应函数设定为二次函数或指数函数时的消费资本资产定价模型的特殊情况。

从生产角度看，公司生产单一的产品进行消费和投资。公司 i 的初始生产资本为 K_{it}，并在两个时期运营，在 $t+1$ 期末的清算价值为零，资本折旧为 100%。不同公司的资本 K_{it} 和盈利能力 X_{it} 不同，并在 t 期初已知。营业利润为 $\Pi_{it} = X_{it}K_{it}$。公司 i 在 $t+1$ 期的盈利能力 X_{it+1} 是随机的，并且受整体冲击（对所有公司）和特有冲击（仅对 i 公司）的共同影响。t 时期的投资为 $I_{it} = K_{it+1}$，投资的调整成本为 $(a/2)(I_{it}/K_{it})K_{it}$。公司 i 用 t 期的营业利润进行投资并支付投资的调整成本。在 $t+1$ 期，资本 K_{it+1} 获得营业利润，并作为股息分配给投资者，$D_{it+1} = X_{it+1}K_{it+1}$。在仅有两期的情况下，公司在 $t+1$ 期不进行投资，除息股权为零。将随机贴现因子 M_{t+1} 视为已知，公司 i 选择投资 I_{it} 使其 t 期初的带息股权最大化：

$$P_{it} + D_{it} = \max_{\{I_{it}\}} \left[X_{it}K_{it} - I_{it} - \frac{a}{2}\left(\frac{I_{it}}{K_{it}}\right)^2 K_{it} + E_t[M_{t+1}X_{it+1}K_{it+1}] \right]$$

$$(2-17)$$

对投资的一阶条件为：

$$1 + a\frac{I_{it}}{K_{it}} = E_t[M_{t+1}K_{it+1}] \qquad (2-18)$$

股票收益可以表示为：

$$r_{it+1}^s = \frac{P_{it+1} + D_{it+1}}{P_{it}} = \frac{X_{it+1}K_{it+1}}{E_t[M_{t+1}X_{it+1}K_{it+1}]} = \frac{X_{it+1}}{E_t[M_{t+1}X_{it+1}]}$$

$$(2-19)$$

综合上述方程可以得到：

$$r_{it+1}^s = \frac{X_{it+1}}{1 + a(I_{it}/K_{it})} \qquad (2-20)$$

式（2-20）表明公司 i 会持续投资直至 t 期投资的边际成本等于 $t+1$ 期投资的边际收益在 t 期的贴现值（贴现率为股票收益 r_{it+1}^s）。或者说，$t+1$ 期投资的边际收益除以 t 期投资的边际成本等于贴现率 r_{it+1}^s。

从资产定价理论角度看，基于投资的资产定价模型可以解释预期收益的横截面变动。该模型认为在其他因素不变的条件下，投资较高的公司的未来股票收益会较低。当均衡状态下预期收益在截面变动时，股票价格会通过将预期收益与公司特征联系起来进行调整。然而，股票价格的调整并不遵循截面固定贴现率规则，这意味着公司特征并不能预测股票收益。截面固定贴现率代表着所有股票的风险是一样的，然而现实并非如此。

基于投资的资产定价模型与资本预算中的净现值理论是一致的，该理论是现代公司金融的理论基础。投资能够预测未来股票收益是因为给定了预期盈利能力，投资成本较高表明新资本的净现值较低以及投资的减少；而投资成本较低表明新资本净现值较高和投资的增加。基于消费的资产定价模型和基于投资的资产定价模型是一般均值模型中的两面，所推导出的预期收益方程是一致的。将式（2-16）和式（2-20）结合可以得到：

$$\gamma_{ft} + \beta_{it}^M \lambda_{Mt} = E_t[r_{it+1}^s] = \frac{E_t(X_{it+1})}{1 + a(I_{it}/K_{it})} \quad (2-21)$$

由消费者效用最大化的一阶条件导出的消费资产定价模型将预期收益与消费贝塔联系起来，认为消费贝塔是预期收益的充分统计，一旦控制了消费贝塔，公司特征变量将不会影响预期收益的截面变化，这一预测是金融和会计学资本市场研究的组织框架，然而，基于消费的资产定价模型忽视了新古典经济学中从投资角度考虑的预期收益的截面变化。由公司价值最大化的一阶条件导出的基于投资的资产定价模型将预期收益与公司特征变量联系起来，认为公司特征变量是预期收益的充分统计，控制了公司特征变量，消费贝塔将不会影响预期收益。

2.3.4　因子模型与均值—方差分析

均值—方差分析、随机贴现因子和因子模型是分析资产定价的三个维度，三个维度是相互联系的，并且包含着相同的信息。

在定价模型中，通常用收益作为因子，而不是诸如消费增长之类的变量。在应用时也避免了实际数据的测量问题，将随机贴现因子 m 映射到未来支付集 X 上可以构造模拟因子投资组合，其所产生的回报 x^* 也可以作为贴现因子。毫无疑问，x^* 或者 $R^* = x^*/E(x^{*2})$ 同样也可以视为收益—贝塔因子模型中的因子。当因子是收益时，因子模型会简单很多，因为因子的风险溢价是预期收益。将 $R^* = x^*/E(x^{*2})$ 视为因子，定价公式 $1 = E(mR_i)$ 也可以表示为收益—贝塔形式：$E(R^i) = \gamma + \beta_{i,R^*}[E(R^*) - \gamma]$。其中，$R^*$ 为最小二阶矩边界，位于均值—方差有效前沿的下半部分，R^* 因子的风险溢价为负。

在均值—方差分析中，对于有效前沿上的任意收益都可以推导出一个贴现因子 m 使其为均值—方差有效收益的线性函数。如果一个因子定价模型成立，那么，模拟投资组合收益的线性组合肯定在均值—方差有效前沿上。任何均值—方差分析中的有效收益都是 R^* 与无风险收益的组合,即有效前沿上的收益是模拟因子投资组合的收益加上无风险收益的线性函数。

2.4 扩展的 Q 理论模型

2.4.1 扩展的双资本投入跨期资产定价模型

基于 Li 和 Zhang（2010）的单资本投入定价模型,本节将单资本投入扩展为双资本投入,得到公司价值最大化的最优投资条件并据此分析投资、收益、贴现率的关系。Li 和 Zhang 的模型中仅考虑了长期资产投入（其他非资本投入不在本书研究范围）,而本书将长期资产投入（K）和短期资产投入（W）均视为生产投入要素。其中,长期资产包括房产、厂房及设备,一般又被称为实物资产；而包括现金、存货和应收账款等的短期资产在基于投资的资产定价模型中经常被忽略；短期资产与长期资产之和为总资产。

假设公司采用包含短期资产投入和长期资产投入的柯布—道格拉斯生产函数,公司在 t 时刻的营业利润为 $\Pi_t K_t^{\alpha} W_t^{1-\alpha}$,在 $t=0$ 时,公司选择对长期资产的投资（I）,对短期资产的投资（J）使公司价值最大化。投资会产生调整成本,参考以往 Q 理论的研究 [如 Hayashi（1982）],假设投资的资本调整成本为投资和资本的二次函数,$(a/2)(I_{it}/K_{it})^2 K_{it}$,生产函数为一次齐次函数,规模报酬不变。在给定贴现率 R_1 的条件下,公司价值最大化方程如下：

$$\max_{I_0, J_0} \left\{ \begin{array}{l} \Pi_0 K_0^{\alpha} W_0^{1-\alpha} - I_0 - \dfrac{a_K}{2}\left(\dfrac{I_0}{K_0}\right)^2 K_0 - J_0 - \dfrac{a_W}{2}\left(\dfrac{J_0}{W_0}\right)^2 W_0 \\ + \dfrac{1}{R_1} E_0 \left[\Pi_1 K_1^{\alpha} W_1^{1-\alpha} + (1-\delta_k) K_1 + (1-\delta_W) W_1 \right] \end{array} \right\} \quad (2-22)$$

其中 Π_t（$t=0,1$）代表公司在 t 时刻的盈利能力，a_K 和 a_W 代表长期资产和短期资产的调整成本系数。本模型中假设在 $t=1$ 时期末，公司会按账面价值清算其未折旧的资产，所以在处理公司价值最大化问题时会将清算价值考虑在内。公司的资本积累会将不同时期的资产联系起来，存在以下关系：

$$K_1 = (1-\delta_k)K_0 + I_0 \qquad (2-23)$$

$$W_1 = (1-\delta_W)W_0 + J_0 \qquad (2-24)$$

对长期资产投资 I_0 求导得出最优化的一阶条件：

$$1 + a_K\left(\frac{I_0}{K_0}\right) = \frac{1}{R_1}E_0\left[\alpha\Pi_1\left(\frac{W_1}{K_1}\right)^{1-\alpha} + (1-\delta_k)\right] \qquad (2-25)$$

直观地看，方程左侧为每增加额外一单位投资的边际成本；方程右侧代表每增加额外一单位投资的边际收益，并且边际收益等于长期资本边际产量和边际清算价值的贴现值之和。最优条件表明公司会持续投资直到投资的边际成本与边际收益相等。

同样地，对短期资产投资 J_0 求导可以得到：

$$1 + a_W\left(\frac{J_0}{W_0}\right) = \frac{1}{R_1}E_0\left[(1-\alpha)\Pi_1\left(\frac{K_1}{W_1}\right)^{\alpha} + (1-\delta_W)\right] \qquad (2-26)$$

综合方程（2-25）与方程（2-26）可以得到公司价值最大化的最优条件：

$$R_1 = \frac{E_0\left[\alpha\Pi_1\left(\frac{W_1}{K_1}\right)^{1-\alpha} + (1-\delta_K)\right]}{1 + a_K\left(\frac{I_0}{K_0}\right)}$$

$$= \frac{E_0\left[(1-\alpha)\Pi_1\left(\frac{K_1}{W_1}\right)^{\alpha} + (1-\delta_W)\right]}{1 + a_W\left(\frac{J_0}{W_0}\right)} \qquad (2-27)$$

第一个等式是 Q 理论框架下投资—收益关系的基础，在这一框架下仅考虑长期资产，$\alpha=1$，所以当预期盈利能力 $E_0[\Pi_1]$ 保持不

第 2 章 资产定价理论基础和扩展的 Q 理论

变时,投资 (I_0/K_0) 较低的公司会有较高的预期股票收益,这是 Hou、Xue 和 Zhang 在其 Q 因子模型中构建投资因子时的理论支撑。

在更一般的情况下,同时考虑长期资产和短期资产,即 $0 < \alpha < 1$,本书也推导出了与长期资产投资类似的短期资产投资 (J_0/W_0) 和贴现率之间的负向关系。公司的短期资产投资越多,其预期股票收益会越低。更重要的是,方程 (2-27) 表明投资 (I_0/K_0 和 J_0/W_0) 和预期收益的关系取决于短期资产与长期资产的比例 (W_1/K_1)。为了更清楚地分析这一关系,本书假设长期资产折旧 δ_K 和短期资产折旧 δ_W 为零,对方程 (2-25) 和方程 (2-26) 两侧均取对数并进行一阶泰勒展开,得到如下方程:

$$\frac{I_0}{K_o} \approx \frac{1}{a_K}\left[-r_1 + \alpha E_0[\Pi_1]\left(\frac{K_1}{W_1}\right)^{\alpha-1} \right] \qquad (2-28)$$

$$\frac{J_0}{W_o} \approx \frac{1}{a_W}\left[-r_1 + (1-\alpha) E_0[\Pi_1]\left(\frac{K_1}{W_1}\right)^{\alpha} \right] \qquad (2-29)$$

在上述方程中 $r_1 = \log(R_1)$,方程 (2-28) 和方程 (2-29) 可以用来理解投资的决定因素。在其他条件不变的情况下,公司的贴现率 r_1 较低或预期盈利能力 $E_0[\Pi_1]$ 较高时,对短期资产和长期资产的投资都会较多。此外,上述方程也表明了资产比例 ($AR = W_1/K_1$) 的重要性。从方程中可以看出,当公司由于过去的资本扩张而有较少的短期资产 (W) 和较多的长期资产 (K) 时,其长期资产投资 I_0/K_0 会偏低,但是短期资产投资 J_0/W_0 会偏高。并且,这类投资与贴现率 r_1 和预期盈利能力 $E_0[\Pi_1]$ 无关,仅是由短期资产和长期资产的不平衡导致的。因此,这一机制会产生干扰项,从而削弱了短期资产投资和长期资产投资对未来股票收益的预测能力。此外,由于 $0 < \alpha < 1$,这两种不同类型的资产投资是负相关的。而总资产投资是短期资产投资与长期资产投资的加权之和,两类资产投资中的部分干扰项会在总资产投资中相互抵消,所以相对而言,总资产投资中包含了更有效的贴现率信息。

一般情况下，一般均衡中包含长期资产和短期资产时，预期盈利能力和预期收益（贴现率）会同时影响长期资产和短期资产的投资比率，从而导致长期资产增长和短期资产增长的正向共变，后续章节会详细阐述这一机制。更重要的是，两类资产投资的相对强度也取决于短期资产和长期资产的比例乘以各自的调整成本系数。在其他条件相同的情况下，当一个公司有较高的长期资产和较低的短期资产时（可能由于过去大规模的实物资产扩张导致），即 AR 较低时，其长期资产投资会较低甚至为负值，但是其短期资产投资会较高。当短期资产较高而长期资产相对较低时，随后的长期资产投资可能会很高，而短期资产投资则趋于下降。这类投资与贴现率和预期盈利能力均无关，完全是由于资产不平衡（短期资产和长期资产的比例偏离其稳定状态）导致的。这一机制使得两类资产投资方向相反，从而产生了干扰项，削弱了两类资产投资对未来股票收益的预测能力。而由于总资产投资（用总资产增长衡量）是两类资产投资的加权平均，两类负向干扰项会相互抵消，使得总资产投资包含更有效的贴现率信息，从而能更好地预测股票收益。

2.4.2 基于扩展的 Q 理论模型的推论

结合扩展的 Q 理论定价模型，本章对资产增长效应中的资产不平衡机制进行了深入分析，认为总资产增长变量可以代表公司投资，总资产增长比子资产增长能更好地预测未来股票收益的原因在于其子资产增长中存在反向相关的干扰项，而这些干扰项与预期收益无关。简单地讲，考虑一个信号（可以认为是一个公司的特征变量，如投资）Z，Z 可以被分解为信号 X 和信号 Y，即 $Z = X + Y$。假设 X 和 Y 中均由可以预测未来股票收益的 R 和不可预测未来股票收益的干扰项 e 构成，并且在 X 和 Y 中干扰项的符号是相反的，如 $X = R_1 + e_1$，$Y = R_2 - e_2$。很明显，e_1、e_2 的存在降低了 X 和 Y 中 R 所包含的股票收益信息的有效性。然而，由于 Z 是 X 和 Y 的加权之和，在 Z 中两个符号相反的干扰项 e 相互抵消了，所以相对于 X 和 Y，Z 中的 R 包含更有效的股票收益信息。将以上假设应用到资产增长效应上，Z 可视为总资产增长，而 X 和 Y 分别视为短期资产增长和长期资产增长。

本书扩展的跨期投资定价模型得出了短期资产增长、长期资产增长和预期盈利能力及股票收益的相关关系，并且通过扩展模型所发现的资产不平衡机制可以解释三类资产增长预测能力的差异。模型中的资产不平衡指的是在公司发展过程中长期资产和短期资产增长速度偏离稳定状态时的不平衡，比如，在某一时间段，公司的长期资产增长较快（长期投资较多），而短期资产增长较慢（短期投资较少），两者的增速偏离了公司资产增长的稳定状态，则认为这一时期公司存在资产不平衡；此外，不同公司资产增长的稳定状态各不相同。

通过上文模型，可以得出最直接的三个推论，在后续的研究中会对这三个推论逐一进行验证。

推论1：控制资产比例后，短期资产增长和长期资产增长对未来股票收益的预测能力均有所提高。

该推论来自方程（2-28）和方程（2-29），如果短期资产和长期资产的比例会影响资产增长但又与贴现率无关，那么在控制资产比例的情况下，短期资产增长条件溢价（长期资产增长条件溢价）应当比非条件的短期资产增长溢价（长期资产增长溢价）高。

推论2：控制短期资产增长后，长期资产增长溢价会提高；控制长期资产增长后，短期资产增长溢价会提高。

推论2与推论1密切相关，基于 Vuolteenaho（2002）的研究发现，对于公司水平的股票收益而言，现金流信息比贴现率信息更重要。如果将现金流信息和贴现率信息的相对重要性进行扩展并用来解释投资，那么大部分的投资变化（包括短期资产投资和长期资产投资）可以理解为是由预期盈利能力和资产不平衡驱动的。因此，基于短期资产增长和长期资产增长的双变量分组会使长期资产增长条件溢价和短期资产增长条件溢价有所提高。

推论3：公司的短期资产增长和长期资产增长的正向联动越强，资产不平衡水平越低，其总资产增长溢价、短期资产增长溢价和长期资产增长溢价均越高。

推论3是关于资产增长效应的强度，如果资产不平衡机制可以解释总资产增长、短期资产增长和长期资产增长对未来股票收益预测能力的差异，那么相对于资产不平衡水平较高的公司，资产不平衡水平较低的公司的三类资产增长效应均较强。

2.4.3 基于投资的资产定价理论框架

本书扩展的Q理论模型表明，相对于短期资产增长和长期资产增长，总资产增长对未来股票收益有更好的预测能力，基于总资产增长变量构造的投资组合产生的资产增长溢价可以用来代表最新因子模型中的投资因子。在扩展的Q理论基础上，除了研究资产增长投资组合中的超额收益（资产增长溢价），本书进一步通过均值—方差分析法研究了资产增长投资组合中的收益波动和夏普比率的变动模式，并构建了一个包含市场因子和资产增长因子的双因子模型对所发现的模式进行合理的解释。

本书的理论框架包括资产定价相关理论的发展以及在此基础上本书提出的扩展的Q理论模型和双因子模型。本书第3章和第4章对资产增长效应和资产不平衡机制的实证研究基于扩展的Q理论模型，第5章对资产增长效应中收益波动和夏普比率变动模式的研究基于扩展的Q理论与双因子定价模型。

2.5 本章小结

本章首先明确了资产定价模型以及异象产生的过程，进而引出资产增长异象和资产增长效应。其次，总结了资产定价基础理论的发展历程，对比了有效市场假说与行为金融学理论，并以新古典投资理论为出发点逐步阐述了资本资产定价模型和 Q 理论的发展，详细介绍了基于投资的资产定价模型及从生产角度出发的投资 Q 理论，并将因子模型与均值—方差理论联系起来。最后，在以往理论的基础上，提出了扩展的 Q 理论模型，并根据模型提出了三大推论，为下文的实证分析奠定了基础。

第 3 章
美国股市资产增长效应与资产不平衡机制分析

投资 Q 理论是基于投资的资产定价研究的基础,该理论认为较低的资本成本会刺激公司进行更多的投资,所以当前投资可以反向预测未来股票的收益,大批学者对这一理论进行了实证检验并得出了相似的结论。比如,Titman、Wei 和 Xie(2004)等的研究证实了过去的投资比率或者投资增长与未来的股票收益有反向截面关系。在衡量投资的诸多变量中,Cooper、Gulen 和 Schill(2008)提出的总资产增长指标被广泛接受和使用,因为其对股票收益有很强的预测能力。实际上,近年来,Hou、Xue 和 Zhang(2018)的 Q5 定价模型以及 Fama 和 French(2018)的六因子定价模型在构建投资因子时均使用了总资产增长指标。然而,Cooper、Gulen 和 Ion(2017)对使用总资产增长变量代表公司投资这一做法提出了质疑,他们认为 Q 理论更适用于实物资产(如长期资产),而在实证中基于长期资产增长和短期资产增长构建的投资因子对未来股票收益的预测能力远不如基于总资产增长构建的投资因子的预测能力。在以往研究基础上,第 2 章我们对经典的 Q 理论定价模型进行了扩展,本章从实证角度对我们扩展模型中的资产不平衡机制进行了检验。本章提出了一个衡量资产不平衡程度的指标,并从资产不平衡角度对各类资产增长对未来股票收益的预测能力进行了对比检

第 3 章 美国股市资产增长效应与资产不平衡机制分析

验,从而验证了最新的投资因子与 Q 理论的一致性。

3.1 扩展 Q 理论中的资产增长效应分析

本节对 Cooper、Gulen 和 Schill（2008）的资产增长效应进行了检验,并比较了总资产增长与其子资产增长——短期资产增长和长期资产增长对未来股票收益的预测能力的差异。首先通过构建单变量投资组合研究三类资产增长效应；其次,构建双变量投资组合对不同类型的资产增长的预测能力进行对比分析,并采用 Fama - Macbeth 回归分析法对三类资产增长的预测能力进行进一步比较,本节的实证检验结论与 Cooper、Gulen 和 Ion（2017）的研究结论是一致的,总资产增长吸收了短期资产增长和长期资产增长对未来股票收益的预测能力,并且中和了两类资产增长中的干扰项,所以能更好地预测未来股票收益。

3.1.1 实证研究样本与数据分析

本章使用资产定价研究领域的标准数据,包含多个数据来源：股票数据来源于美国证券价格研究中心（CRSP）,公司财务数据来源于 Compustat 数据库,Fama - French 因子来源于 Fama - French 网络数据库。本章样本包含了 NYSE、AMEX 和 NASDAQ 三大股票市场中的普通股数据,并剔除了金融股和公用事业股（相对于其他股票,金融股与公用事业股的股票收益要高很多,实证检验很容易受到金融股和公用事业股的影响而偏离真实结果）,样本区间从 1967 年 7 月到 2018 年 12 月。为了保证公司财务数据早于其收益,我们采用以往文献的通用方法,将所有 t - 1 会计年末的财务数据与 t 年 7 月至 t + 1 年 6 月的收益数据匹配,而由于美国不同公司的会计年度有所不同,因此财务数据与匹配的收益之间的差距因公而异,我们在数据处理时保证了其收益晚于其财务数据,避免出现时序问题。并且,由于以往文献普遍认为计算美国股市的超额收益时,价值加权法要优于等权加权法,本章后续的超额收益与资产增长溢价计算均采用价值加权法。

本章的主要研究变量为总资产增长(TAG)、短期资产增长(CAG)和长期资产增长(LAG)。参照 Cooper(2008)的文章,定义总资产增长为总资产的年度变化率:$TAG_t = (AT_{t-1} - AT_{t-2})/AT_{t-2}$,CAG 与 LAG 的定义方法类似,CAG 为短期资产的年度变化率,LAG 为长期资产的年度变化率。其中的总资产使用 Compustat 数据库中的 AT 指标,短期资产使用 ACT 指标,长期资产由(AT - ACT)计算得出。其他指标参考以往研究中的定义方法,账面市值比(B/M)定义为上一会计年度股票的账面价值与市场价值的比率,公司规模(Size)用上一年 6 月末公司的市场价值衡量,动量变量(MOM)代表公司历史 2 - 12 个月的累计股票收益,长期股票收益 r(13 - 60)定义为公司历史 13 - 60 个月的累计股票收益,参考 Novy - Marx(2013)的文章,本书用总利润(Compustat 数据库中 REVT - COGS)除以同期总资产来衡量公司的总盈利能力(GP/A)。

3.1.2 总资产增长效应分析

本节首先检验了样本的总资产增长效应。在每年 6 月末,按照上一会计年度的总资产增长(TAG)将所有股票分为五组,第一组(L_0)包含总资产增长最低的一部分公司,第五组(H_1)包含总资产增长最高的一部分公司。公司买入最高组股票卖出最低组股票,并在 t 年 7 月至 t + 1 年 6 月持有该投资组合,每年 6 月份重新构建投资组合。表 3 - 1 面板 A 给出了五组总资产增长投资组合中的各公司变量截面中位数的时间序列均值,其中 TAG、CAG、LAG 为本书的主要研究变量(三类资产增长),而 B/M、Size 等则是与股票截面收益密切相关的公司特征变量,也是后续 Fama–Macbeth 预测回归中的控制变量。

表 3–1　　　　　　　　　总资产增长投资组合

	L_o	2	3	4	H_i	$H_i - L_o$
面板 A：公司变量						
TAG	−0.1	0.02	0.09	0.19	0.6	0.69
LAG	−0.07	0.02	0.08	0.18	0.57	0.64
CAG	−0.12	0.02	0.09	0.19	0.6	0.72
B/M	0.95	0.88	0.75	0.63	0.51	−0.44
Size	118.9	379	557.7	600	434.3	315.3
MOM	0.08	0.1	0.1	0.09	0.05	−0.03
r (13–60)	−0.03	0.38	0.6	0.82	1.08	1.11
GP/A	0.3	0.32	0.34	0.37	0.34	0.04
面板 B：超额收益与因子模型检验						
	L_o	2	3	4	H_i	$H_i - L_o$
Ret^e	0.76	0.61	0.53	0.51	0.36	−0.41
	(3.85)	(3.65)	(3.09)	(2.47)	(1.45)	(−2.96)
Std	4.88	4.08	4.24	5.04	6.09	3.37
SR	0.16	0.15	0.13	0.10	0.06	−0.12
CAPM						
α	0.27	0.18	0.08	−0.02	−0.26	−0.53
	(3.14)	(3.22)	(1.78)	(−0.27)	(−2.58)	(−3.65)
MKT	1.00	0.86	0.91	1.06	1.26	0.26
	(38.86)	(52.42)	(60.19)	(50.77)	(44.91)	(5.97)
R^2（%）	84.86	90.08	93.12	89.64	86.56	11.89

续表

	Fama-French 三因子模型					
α	0.16	0.12	0.06	0.10	-0.07	-0.23
	(2.08)	(2.46)	(1.44)	(1.72)	(-1.01)	(-2.20)
MKT	1.01	0.90	0.95	1.01	1.14	0.13
	(48.98)	(56.63)	(80.38)	(64.59)	(47.40)	(4.36)
SMB	0.18	-0.06	-0.12	-0.02	0.19	0.01
	(5.13)	(-2.57)	(-8.23)	(-0.85)	(5.19)	(0.15)
HML	0.26	0.14	0.07	-0.29	-0.47	-0.73
	(6.89)	(4.74)	(2.35)	(-11.39)	(-15.01)	(-16.21)
R^2 (%)	87.73	91.26	94.15	92.21	92.53	47.77

由表 3-1 可知，总资产增长变量在不同组间的横截面跨度很大，最低组的年度总资产增长为 -10%，而最高组的总资产增长为 60%，两个极端组的差值约为 0.7。由于总资产增长可视为短期资产增长和长期资产增长的加权平均，在以总资产增长为基础构建的投资组合中，两类子资产增长也呈现了单调递增的趋势。最高组与最低组的短期资产增长（长期资产增长）的差值为 0.72（0.64）。此外，总资产增长较高的公司多为成长型企业（账面市值比 B/M 较低），并且有较高的长期股票收益（历史 13-60 个月的股票累计收益较高）；总资产增长较低的公司多为价值型企业并且有较低的长期股票收益。上述公司特征变量的变化趋势与 Fama 和 French（2015）以及 Hou、Xue 和 Zhang（2015）的研究结果是一致的，即在控制投资因子后，价值溢价与和长期反转效应基本消失。从另一角度看，总资产增长与公司规模、动量、总盈利能力之间的关系很弱，并且这些指标并非单调变化，相对于总资产增长较高的股票，总资产增长较低的股票组合的规模（由其市场价值衡

量）较小。

表 3-1 的面板 B 给出了由总资产增长指标构建的五分组投资组合的价值加权月度超额收益的均值、标准差、夏普比率以及资产定价模型检验的结果——CAPM 和 Fama-French 三因子模型。总资产增长最低组（L_o）的平均超额收益为每月 0.76%，约为最高组（H_i）的平均超额收益（0.36%）的两倍。最高组与最低组平均超额收益的差值（即总资产增长溢价）为 -0.41%（t 统计值为 -2.96），距零约三个标准差，超额收益差值的月度夏普比率为 -0.12（年度约 -0.42）。CAPM 并不能解释该投资组合的总资产增长溢价，H_i - L_o 投资组合的市场因子载荷（MKT）为 0.26，使得 CAPM 的多空投资组合（买入高 TAG 组股票卖出低 TAG 组股票）的定价误差（α）每月高达 -0.53%（t 统计值为 -3.65），该模型的 α 显著不为零；Fama-French 的三因子模型中加入规模因子（SMB）和价值因子（HML）后，H_i - L_o 总资产增长投资组合的异常收益有所降低，由于 TAG 与 B/M 有较高的截面相关性，多空 TAG 投资组合的价值因子载荷高达 -0.73（t 统计值为 -16.21），然而，总资产增长溢价的三因子定价误差（α）仍显著保持在每月 -0.23% 的水平。

3.1.3 长期资产增长效应与短期资产增长效应分析

在确定了总资产增长对未来股票收益的预测能力之后，本节检验了长期资产增长和短期资产增长对未来股票收益的预测能力，并与总资产增长的预测能力进行了对比。在每年 6 月末，分别根据长期资产增长（LAG）和短期资产增长（CAG）构建五分组投资组合，表 3-2 和表 3-3 的 L_o 列为两类资产增长最低的一部分公司构成的组合，H_i 列为两类资产增长最高的一部分公司构成的组合，H_i - L_o 为最高组与最低组的差值。

表 3-2　　　　　　　　长期资产增长投资组合

面板 A：公司变量						
	L_0	2	3	4	H_i	$H_i - L_0$
TAG	-0.05	0.03	0.08	0.16	0.47	0.53
LAG	-0.12	0	0.08	0.21	0.74	0.86
CAG	0.01	0.06	0.08	0.12	0.29	0.28
B/M	0.89	0.85	0.75	0.66	0.55	-0.34
Size	111.9	359.3	660.6	651.3	371.7	259.9
MOM	0.09	0.1	0.1	0.08	0.05	-0.04
r (13-60)	0.05	0.41	0.62	0.75	0.9	0.85
GP/A	0.34	0.33	0.32	0.35	0.35	0.01
面板 B：超额收益与因子模型检验						
	L_0	2	3	4	H_i	$H_i - L_0$
Ret^e	0.76 (3.63)	0.63 (3.71)	0.56 (3.37)	0.45 (2.24)	0.40 (1.63)	-0.36 (-2.82)
Std	5.16	4.18	4.12	4.96	6.00	3.17
SR	0.15	0.15	0.14	0.09	0.07	-0.11
CAPM						
α	0.24 (2.83)	0.20 (3.46)	0.13 (2.95)	-0.07 (-1.01)	-0.21 (-2.13)	-0.45 (-3.35)
MKT	1.06 (35.40)	0.88 (50.74)	0.88 (61.22)	1.05 (61.10)	1.23 (40.54)	0.17 (3.67)
R^2 (%)	85.66	89.40	92.45	90.86	85.82	6.01
Fama-French 三因子模型						
α	0.18 (2.19)	0.15 (2.69)	0.12 (3.13)	0.02 (0.36)	-0.02 (-0.26)	-0.20 (-1.83)
MKT	1.04 (38.23)	0.91 (58.75)	0.90 (68.58)	1.01 (60.89)	1.12 (45.04)	0.08 (2.18)
SMB	0.20 (5.30)	-0.06 (-2.06)	-0.11 (-5.43)	0.03 (0.92)	0.16 (5.29)	-0.04 (-0.94)
HML	0.13 (2.28)	0.13 (3.66)	0.02 (0.72)	-0.22 (-7.36)	-0.48 (-12.82)	-0.61 (-8.45)
R^2 (%)	87.20	90.37	93.12	92.47	91.86	33.68

表3-2和表3-3的面板A分别为依据长期资产增长和短期资产增长构建的五分组投资组合的公司特征变量的变化情况。在这两类投资组合中，总资产增长（TAG）均从最低组到最高组单调递增，这进一步验证了总资产增长是长期资产增长和短期资产增长的加权平均。在长期资产（LAG）投资组合中，短期资产增长（CAG）变量呈递增趋势，其最高组与最低组的差值为28%；在短期资产增长（CAG）投资组合中，长期资产增长（LAG）变量呈现同样的递增趋势，其最高组与最低组的差值为27%。长期资产增长与短期资产增长的同向走势表明长期资产投资和短期资产投资对现金流信息和贴现率信息会做出相似的反应。与前文推导出的关系一致，对预期盈利能力的正向冲击或者对贴现率的负向冲击均会导致长期资产投资与短期资产投资的增加。然而，这并不是一种完全相关关系，如在短期资产增长（CAG）投资组合中，短期资产增长（CAG）的高低组差值为87%，约为长期资产增长（LAG）投资组合中该变量的高低组差值28%的3倍。除去测量误差的影响，两者之间的低相关性可能是由资产不平衡机制中短期资产增长和长期资产增长的反向联动造成的。两类投资组合中其他公司特征变量与总资产增长投资组合中同变量的走势类似，在较高的长期资产增长（短期资产增长）组合中，账面市值比较低，并且其股票收益的长期历史表现较好。

表3-3　　　　　　短期资产增长投资组合

面板A：公司变量						
	L_o	2	3	4	H_i	$H_i - L_o$
TAG	-0.07	0.02	0.08	0.16	0.53	0.6
LAG	0.03	0.04	0.06	0.1	0.3	0.27
CAG	-0.17	-0.01	0.09	0.21	0.69	0.87
B/M	0.88	0.85	0.74	0.65	0.55	-0.33
Size	169.9	355.3	446.1	534.9	416.5	246.7
MOM	0.07	0.09	0.1	0.09	0.07	0
r(13-60)	0.11	0.38	0.57	0.77	0.94	0.82
GP/A	0.27	0.35	0.37	0.38	0.31	0.04

续表

	L_o	2	3	4	H_i	$H_i - L_o$
面板 B：超额收益与因子模型检验							
Ret^e	0.65	0.58	0.53	0.55	0.39	-0.26
	(3.49)	(3.33)	(3.02)	(2.80)	(1.68)	(-2.08)
Std	4.55	4.30	4.31	4.80	5.72	3.05
SR	0.14	0.14	0.12	0.11	0.07	-0.08
CAPM							
α	0.18	0.13	0.08	0.04	-0.20	-0.38
	(2.39)	(2.67)	(1.33)	(0.71)	(-2.07)	(-2.95)
MKT	0.94	0.92	0.92	1.01	1.18	0.24
	(44.99)	(76.18)	(47.28)	(54.32)	(45.60)	(6.77)
R^2（%）	85.98	92.13	91.91	90.51	86.65	12.77
Fama-French 三因子模型							
α	0.09	0.10	0.08	0.15	-0.05	-0.14
	(1.31)	(2.15)	(1.54)	(2.75)	(-0.58)	(-1.35)
MKT	0.95	0.93	0.94	0.97	1.09	0.14
	(49.41)	(72.32)	(56.47)	(62.64)	(43.89)	(4.49)
SMB	0.14	-0.03	-0.13	-0.01	0.15	0.01
	(5.14)	(-1.40)	(-6.58)	(-0.26)	(3.88)	(0.25)
HML	0.21	0.06	0.00	-0.26	-0.37	-0.58
	(5.83)	(2.98)	(0.12)	(-9.63)	(-12.19)	(-12.17)
R^2（%）	88.06	92.35	92.63	92.66	90.85	40.86

表 3-2 和表 3-3 的面板 B 比较了长期资产增长投资组合和短期资产增长投资组合的平均超额收益和资产定价模型结果。长期资产增长月度溢价为 -0.36%，其夏普比率为 -0.11；短期资产增长月度溢价为 -0.26%，其夏普比率为 -0.08。与表 3-1 中的总资产增长溢价相比，相对较低的夏普比率表明短期资产增长与长期资产增长对未来股票收益的预测能力要低于总资产增长。控制市场因

子会使长期资产增长与短期资产增长的超额收益有所提高，CAPM中长期资产增长溢价的 α 为 -0.45%（t统计值为 -3.35）；短期资产增长溢价的 α 为 -0.38%（t统计值为 -2.95）。然而，由于资产增长与价值因子有较强的负相关关系，在5%的显著性水平下，两类资产增长溢价的 Fama-French 三因子模型的定价误差 α 均不显著。在该模型中，长期资产增长溢价的异常收益为 -0.20%（t统计值为 -1.83），短期资产增长溢价的异常收益为 -0.14%（t统计值为 -1.35），α 绝对值较相应的 CAPM 中降低了近50%。

3.1.4 总资产增长与子资产增长效应对比分析

为进一步比较总资产增长与其子资产增长对未来股票收益的预测能力，本节对所有样本股票进行了双重分组。在表3-4面板A.1中，以总资产增长（TAG）为一维变量，以长期资产增长（LAG）为二维变量构建5×5投资组合，得到五组总资产增长投资组合各自的长期资产增长溢价以及五组长期资产增长溢价在不同总资产增长组合下的组间均值。组间均值可视为控制总资产增长条件下的平均长期资产增长条件溢价。由表3-4可看到，控制总资产增长后，只有在总资产增长较高的组内（如TAG5），长期资产增长溢价（LAG）在统计上显著且为负值，而在总资产增长较低的组（如TAG1），长期资产增长溢价甚至变为正值。长期资产增长条件溢价为每月 -0.09%（t统计值为 -1.22），相对于长期资产增长非条件溢价 -0.36%，其绝对值减小了很多，且不显著，其对未来股票收益的预测能力基本消失。当以长期资产增长为一维变量，以总资产增长为二维变量进行双重分组时（面板A.2），总资产增长溢价只在长期资产增长最高的组内（LAG5）显著为 -0.77%。在长期资产增长投资组合间的平均总资产增长条件溢价显著为 -0.24%（t统计值为 -3.06），控制长期资产增长后，总资产增长对股票收益仍有很强的预测能力。虽然在单变量分组时长期资产增长与总资产增长均能很好地预测未来股票收益,但双重分组的结果显示长期资产增长的预测能力被总资产增长吸收了。

表 3-4　总资产增长与长期资产增长（短期资产增长）双变量分组

	面板 A：LAG 与 TAG 双变量分组					
	面板 A.1：控制 TAG 后的 LAG 条件溢价					
	TAG1	TAG2	TAG3	TAG4	TAG5	Ave
LAG Prm.	0.09	0.09	-0.11	-0.11	-0.42	-0.09
	(0.45)	(0.57)	(-0.73)	(-0.67)	(-2.44)	(-1.22)
	面板 A.2：控制 LAG 后的 TAG 条件溢价					
	LAG1	LAG2	LAG3	LAG4	LAG5	Ave
TAG Prm.	0.11	-0.25	-0.21	-0.06	-0.77	-0.24
	(0.53)	(-1.76)	(-1.37)	(-0.37)	(-4.02)	(-3.06)
	面板 B：CAG 与 TAG 双变量分组					
	面板 B.1：控制 TAG 后的 CAG 条件溢价					
	TAG1	TAG2	TAG3	TAG4	TAG5	Ave
CAG Prm.	-0.11	0.01	0.07	0.03	-0.29	-0.06
	(-0.62)	(0.13)	(0.56)	(0.24)	(-1.60)	(-0.86)
	面板 B.2：控制 CAG 后的 TAG 条件溢价					
	CAG1	CAG2	CAG3	CAG4	CAG5	Ave
TAG Prm.	-0.34	-0.31	-0.08	-0.15	-0.59	-0.29
	(-1.71)	(-2.10)	(-0.53)	(-0.83)	(-2.53)	(-3.58)

对总资产增长和短期资产增长进行的双重分组（面板 B）也得到了相似的结论。控制总资产增长后,平均短期资产增长条件溢价仅为每月 -0.06% 且不显著;而在控制短期资产增长后的总资产增长条件溢价仍显著为 -0.29%（t 统计值为 -3.58）。基于总资产增长和短期资产增长的双重分组使得短期资产增长的预测能力基本消失,而总资产增长仍能很好地预测未来股票收益,这也进一步

第3章 美国股市资产增长效应与资产不平衡机制分析

证实了长期资产增长与短期资产增长中干扰项的存在,而这种干扰在总资产增长中被中和了。

3.1.5 三类资产增长预测能力的 Fama-Macbeth 回归检验

作为进一步的稳健性检验,接下来,我们对月度股票收益进行了 Fama-Macbeth 回归预测,预测因子包括总资产增长、长期资产增长、短期资产增长以及公司特征的代表性变量:账面市值比和动量变量。Fama-Macbeth 回归检验的第一步是在每月对截面股票收益进行回归预测,其后计算第一步估计的回归系数的时间序列均值,将其视为系数估计值。表3-5的第1列到第5列给出了单变量回归的结果,分别对所选的预测因子进行单变量回归,可以看到三类资产增长变量的单回归系数都显著为负,表明其对未来股票收益均有反向预测能力,其中,总资产增长、短期资产增长和长期资产增长的回归系数分别为 -0.37、-0.23 和 -0.17,并且三个 t 统计值的绝对值均超过4,其中,总资产增长的预测能力是最强的。账面市值比和动量变量的结果与以往文献一致,表明两者均为显著的正向预测因子,相应的估计系数分别为 0.08(t 统计值为 3.65)和 0.67(t 统计值为 4.34)。第6列将三类资产增长变量纳入同一回归方程中对三者的预测能力进行比较,相较于单变量回归,三类资产增长的回归系数均有所减小,但总资产增长变量的回归系数仍显著为 -0.30(t 统计值为 -3.23),短期资产增长和长期资产增长系数变得不再显著,表明与总资产增长同时考虑时,两类子资产增长均丧失了对未来股票收益的预测能力,或者说,总资产增长涵盖了子资产增长中所包含的关于未来股票收益的全部有效信息,并且如第7列所示,在加入了账面市值比和动量变量等控制变量后这一结论仍旧成立。

表 3 – 5　　　　全样本 Fama – Macbeth 回归检验

Spec.	1	2	3	4	5	6	7
Intercept	1.31	1.30	1.29	1.15	1.08	1.32	1.08
	(5.44)	(5.31)	(5.28)	(4.53)	(4.57)	(5.48)	(4.66)
TAG	-0.37					-0.30	-0.25
	(-4.72)					(-3.23)	(-2.96)
CAG		-0.23				-0.04	-0.05
		(-4.46)				(-0.80)	(-0.97)
LAG			-0.17			-0.03	-0.02
			(-4.60)			(-1.09)	(-0.72)
B/M				0.08			0.07
				(3.65)			(3.44)
MOM					0.67		0.64
					(4.34)		(4.20)
Adj. R^2 (%)	0.39	0.31	0.24	0.33	1.40	0.51	2.10

综上所述，本节的实证结果验证了 Cooper、Gulen 和 Schill (2008) 以及 Cooper、Gulen 和 Ion (2017) 的结论：虽然总资产增长、长期资产增长和短期资产增长均能够预测未来股票收益，但总资产增长的预测能力最强，并且会吸收其子资产增长的预测能力，因而用总资产增长指标构建线性因子模型中的投资因子是最有说服力的。

3.2　资产不平衡机制与资产增长效应

上一节的实证检验表明，相对于长期资产增长和短期资产增长,总资产增长能够更好地预测未来股票收益。本书扩展的基于投资的 Q 理论模型对这一现象做出了合理的解释:当长期资产与短期资产都被认为是生产投入时,公司的最优投资条件给出了对两类资产进行投资的另一种机制——资产不平衡机制。当公司的资产比例(AR = 短期资产/长期资产)高于稳定水平时,其未来的长期资产增长会增高,而短期资产增长会降低;从另一角度看,当公司的资产比例较低时,公司有动机减少其长期资产,并增加其短期资产。然而由此所导致的资产增长变化与贴现率无关,更重要的是,这一机制下的长期资产增长与短期资产增长是反向变动的。因此,资产不平衡机制降低了短期资产增长和长期资产增长中所包含的关于未来股票收益信息的有效性,本节将对资产不平衡机制进行实证检验。

3.2.1 资产比例对资产增长效应的影响

资产不平衡机制的核心思想是短期资产与长期资产的比例可以预测未来的短期资产增长与长期资产增长。如果这一机制成立,资产比例应该能够正向预测长期资产增长,反向预测短期资产增长。

表 3-6　　　　　　　　资产比例投资组合

	面板 A:公司特征变量					
	L_o	2	3	4	H_i	$H_i - L_o$
B/M	0.85	0.70	0.66	0.63	0.58	-0.27
MOM	0.08	0.09	0.08	0.07	0.05	-0.03
Size	632.2	524.9	341.1	200.7	98.3	-533.9
GP/A	0.16	0.30	0.40	0.44	0.41	0.25

续表

面板 B：历史 1-4 年资产负债表项目变化

	L_o	2	3	4	H_i	$H_i - L_o$
$\Delta\log$ (Total asset)	0.45	0.48	0.45	0.48	0.55	0.10
$\Delta\log$ (Long-term asset)	0.49	0.56	0.55	0.53	0.37	-0.11
$\Delta\log$ (Current asset)	0.39	0.41	0.43	0.50	0.63	0.24
$\Delta\log$ (Market equity)	0.37	0.38	0.37	0.42	0.49	0.11
Cumulative returns	0.54	0.55	0.53	0.53	0.48	-0.06
$\Delta\log$ (Total debt)	0.43	0.50	0.39	0.23	-0.06	-0.49
$\Delta\log$ (Long-term debt)	0.43	0.46	0.33	0.13	-0.23	-0.66
$\Delta\log$ (Current debt)	0.37	0.35	0.29	0.15	-0.23	-0.60

在验证该推论之前，有必要检验资产比例（AR）与公司的代表性特征变量及历史信息的关系。在每年的 6 月末，将所有样本股票按其资产比例大小分为五组，L_o 代表资产比例最低的一部分股票组合，H_i 代表资产比例最高的一部分股票组合，$H_i - L_o$ 为资产比例最高组与最低组的差值。表 3-6 面板 A 给出了账面市值比（B/M）、历史 2-12 个月累计股票收益（MOM）、市场价值（Size）和总盈利能力（GP/A）变量按资产比例构建的五分组投资组合中的变化情况。相对于长期资产，有较高短期资产的公司（高 AR 组）多为小规模的成长型公司（Size 较小、B/M 较低），并且有较高的盈利能力（GP/A 较高），然而，资产比例与动量变量之间的关系并不显著。

表 3-6 面板 B 给出了资产比例投资组合中总资产（Total asset）、长期资产（Long-term asset）、短期资产（Current asset）、总债务（Total debt）、长期债务（Long-term debt）、短期债务（Current debt）在构建投资组合之前 1-4 年的历史变化情况，以及往年市场价值（Market equity）和累计股票收益（Cumulative returns）的变化情况。在资产负债表的资产部分，相对于资产比例

第3章 美国股市资产增长效应与资产不平衡机制分析

较低的公司（低 AR 组），资产比例较高的公司（高 AR 组）的短期资产增长较快，而长期资产增长较慢，然而，这种情况可能是因为本节所构建的投资组合是基于短期资产和长期资产的比例（AR = 短期资产/长期资产）。另外，在资产比例较高的组合中的总资产增长也较快。在资产负债表的负债部分，尽管从低资产比例投资组合到高资产比例投资组合中历史股票累计收益没有明显趋势，但是资产比例较高的公司（高 AR 组）的市场价值增长较大，表明资产比例较高的公司股票发行量较多。相反，资产比例较高的公司历史 1-4 年的未偿债务（包括总债务、长期债务和短期债务）大量减少，而资产比例较低的公司的各类债务却大量增加了。

表 3-7 资产比例与长期（短期）资产增长回归分析

Spec.	1	2	3	4
Dep var	CAG (t)	CAG (t)	LAG (t)	LAG (t)
logAR (t-1)	-0.02	-0.03	0.16	0.13
	(-3.66)	(-10.00)	(13.26)	(14.55)
CAG (t-1)	0.04	-0.00	0.25	0.22
	(3.17)	(-0.35)	(9.89)	(14.49)
LAG (t-1)	0.07	0.04	0.03	-0.01
	(6.20)	(5.41)	(2.08)	(-0.48)
CAG (t-2)		0.01		0.08
		(2.15)		(9.15)
LAG (t-2)		0.02		0.00
		(2.98)		(0.12)
Cons.	0.19	0.15	0.21	0.17
	(15.96)	(17.50)	(16.81)	(17.57)
R^2 (%)	1.78	1.22	9.93	7.65

表 3-7 检验了资产比例对未来短期资产增长和长期资产增长的预测能力。表 3-7 中第 1 列和第 3 列分别将 t 会计年度的短期资产增长（CAG）和长期资产增长（LAG）对 t-1 会计年度的资产比例（AR）的对数进行回归，并控制 t-1 年度的短期资产增长与长期资产增长。在第 2 列和第 4 列中，还同时控制了 t-2 会计年度的短期资产增长和长期资产增长。由表 3-7 可以看出，对未来短期资产增长的回归预测中，资产比例（logAR）的系数为负；而在对未来长期资产增长的回归预测中，资产比例的系数为正，并且两系数均在 1% 的水平上显著。第 2 列和第 4 列的结果显示资产比例对数每增长一单位，随后的短期资产增长会减少 0.02%，而随后的长期资产增长会增加 0.16%（本估计值基于本章样本中的 logAR 平均标准差 1.32）。预测回归表明，资产比例对短期资产增长的预测能力比其对长期资产增长的预测能力弱，这与以往学者的结论是一致的，原因在于长期资产的调整成本远高于短期资产的调整成本。此外，控制资产比例后，短期资产增长和长期资产增长的自回归系数并不显著，如在第 2 列中，t-1 年短期资产增长的系数为负；t-2 年短期资产增长的系数为正，近似为零，且其 t 统计值仅稍大于 2。同样，在预测未来长期资产增长的第 4 列，t-1 年和 t-2 年长期资产增长的系数均近似为零且不显著。然而，短期资产增长与长期资产增长之间有很强的交叉预测性，在第 2 列的短期资产增长回归预测中，t-1 年和 t-2 年的长期资产增长对未来短期资产增长的预测能力要显著高于往年短期资产增长对自身的预测能力；在第 4 列，t-1 年和 t-2 年的短期资产增长回归系数的 t 统计值均超过 9。对于这一交叉预测能力，Opler、Pinkowitz、Stulz 和 Williamson（1999）以及 Bates、Kahle 和 Stulz（2009）的研究给出了合理的解释：由于过去较好的公司运营或外部融资，公司积累了大量的现金（短期资产的重要组成部分），而公司更偏向于用这些现金购买长期资产；反过来，当用短期资产换取长期资产时，出于

预防性储蓄动机，公司会重新增加其短期资产存量。

3.2.2 控制资产比例后的资产增长效应分析

由于资产不平衡机制与贴现率无关，扩展 Q 理论的推论 1 认为在控制资产比例（AR）后，短期资产增长（CAG）和长期资产增长（LAG）对未来股票收益的预测能力应有所提高。为验证这一推论，我们基于资产比例和各类资产增长构建双变量分组投资组合——在每年 6 月末，以 $t-2$ 会计年度资产比例为一维变量，以 $t-1$ 会计年度长期资产增长、短期资产增长、总资产增长为二维变量构建 5×5 投资组合。表 3-8 中给出了五组资产比例投资组合的长期资产增长条件溢价（面板 A）和短期资产增长条件溢价（面板 B）以及两类条件溢价在五组资产比例投资组合中的组间均值（Ave 列）。为方便比较，最后一列给出了资产增长单变量分组时的长期资产增长和短期资产增长非条件溢价。面板 A 显示在五组资产比例投资组合中，长期资产增长条件溢价变动范围为 -0.30%（AR1）至 -0.57%（AR2）。其中有四组的 LAG 溢价是显著的，由此计算出组间平均长期资产增长溢价为每月 -0.44%，相对于非条件 LAG 溢价 -0.36%，长期资产增长的条件溢价绝对值有所提高，并且与夏普比率和风险收益有直接关系的 t 统计值绝对值从非条件下的 2.82 提高到 4.38，增长了约 55%。实证结果表明，在控制了资产比例后，长期资产增长溢价的绝对值有显著提高。面板 B 给出了不同资产比例投资组合中的短期资产增长条件溢价及其组间均值。在资产比例第 1 组和第 3 组，短期资产增长条件溢价为负值并且在统计上显著，在第 5 组该溢价的 t 统计值接近显著水平。资产比例投资组合组间的平均短期资产增长条件溢价为每月 -0.31%，其绝对值比非条件短期资产增长溢价 -0.26% 的绝对值高，相应的 t 统计值绝对值也有近 32% 的增长。

表 3-8　　资产比例与三类资产增长双变量分组

	面板 A：控制资产比例条件下的 LAG 溢价						
	AR1	AR2	AR3	AR4	AR5	Ave	Unc. LAG Prm.
LAG Prm.	-0.30	-0.57	-0.49	-0.31	-0.52	-0.44	-0.36
	(-2.06)	(-3.67)	(-2.87)	(-1.65)	(-2.44)	(-4.38)	(-2.82)
	面板 B：控制资产比例条件下的 CAG 溢价						
	AR1	AR2	AR3	AR4	AR5	Ave	Unc. CAG Prm.
CAG Prm.	-0.33	-0.08	-0.4	-0.33	-0.42	-0.31	-0.26
	(-2.44)	(-0.49)	(-2.17)	(-1.65)	(-1.88)	(-2.75)	(-2.08)
	面板 C：控制资产比例条件下的 TAG 溢价						
	AR1	AR2	AR3	AR4	AR5	Ave	Unc. TAG Prm.
TAG Prm.	-0.39	-0.41	-0.46	-0.48	-0.58	-0.47	-0.41
	(-2.55)	(-2.71)	(-2.45)	(-2.37)	(-2.40)	(-3.89)	(-2.96)

此外，在控制资产比例后，总资产增长条件溢价也有所提高。在面板 C 由资产比例和总资产增长构建的 5×5 投资组合中，平均总资产增长条件溢价从单变量分组下的非条件溢价 |-0.41%| 增加至 |-0.47%|，并且显著性也有明显增强。资产比例与总资产增长的双变量分组结果表明，虽然由短期资产增长和长期资产增长加权构成的总资产增长受资产不平衡的影响较小，但总资产增长也并不完全独立于资产不平衡机制。在接下来的实证检验中，我们进一步研究资产不平衡机制，并对不同资产不平衡水平下股票收益的资产增长效应进行对比分析。

本节的实证检验证实了本书扩展 Q 理论的推论 1——在控制资产比例后，短期资产增长和长期资产增长对股票收益的预测能力均有所提高，这一结果也为我们扩展的 Q 理论定价模型中所发现的资产不平衡机制提供了实证支持。

3.2.3 资产不平衡机制下的长期资产增长效应与短期资产增长效应

尽管短期资产增长和长期资产增长也可以预测未来股票收益，但这两类资产增长所包含的有效的贴现率信息很低，尤其是在公司水平上。比如，Vuoteenaho（2002）研究发现，与贴现率信息对股票市场收益的主导作用不同，现金流信息对公司水平的股票收益更为重要。将这一论点引用到投资领域，本书认为相对于贴现率信息，短期资产增长和长期资产增长包含了更多的公司水平的预期盈利能力和资产比例的信息。这意味着，如果检验长期资产增长溢价（短期资产增长溢价）时控制短期资产增长（长期资产增长）就大致相当于控制了预期盈利能力和资产比例的影响。因此，本节基于短期资产增长和长期资产增长构建双变量 5×5 投资组合，检验控制短期资产增长后的长期资产增长条件溢价和控制长期资产增长后的短期资产增长条件溢价的变化情况。

表 3-9　短期资产增长与长期资产增长双变量分组

	面板 A：控制 CAG 条件下的 LAG 溢价						
	CAG1	CAG2	CAG3	CAG4	CAG5	Ave	Unc. LAG Prm.
LAG Prm.	-0.55	-0.16	-0.20	-0.23	-0.71	-0.37	-0.36
	(-3.23)	(-0.88)	(-1.28)	(-1.39)	(-3.35)	(-4.64)	(-2.82)
	面板 B：控制 LAG 条件下的 CAG 溢价						
	LAG1	LAG2	LAG3	LAG4	LAG5	Ave	Unc. CAG Prm.
CAG Prm.	-0.35	-0.1	-0.11	-0.16	-0.52	-0.25	-0.26
	(-1.99)	(-0.77)	(-0.74)	(-1.03)	(-2.66)	(-3.42)	(-2.08)

表 3-9 给出了两类子资产增长双变量分组的结果，在每年 6 月末，以短期资产增长为一维变量，以长期资产增长为二维变量构

建 5×5 投资组合（面板 A）；以长期资产增长为一维变量，以短期资产增长为二维变量构建 5×5 投资组合（面板 B）。面板 A 中由低到高的五组短期资产增长投资组合中，长期资产增长条件溢价分别为每月 -0.55%、-0.16%、-0.20%、-0.23% 和 -0.71%，由此计算出组间平均长期资产增长条件溢价为每月 -0.37%。尽管这一条件溢价在绝对值上比非条件长期资产增长溢价 -0.36% 仅高 0.01%，但其 t 统计值以及相应的夏普比率增长了近 65%。同样在面板 B 中，在五组长期资产增长投资组合中的平均短期资产增长条件溢价为 -0.25%，相对于非条件短期资产增长溢价 -0.26% 绝对值仅低 0.01%，但其 t 统计值及相应的夏普比率却增长了近 64%。因此，本节的实证检验证实了基于我们扩展 Q 理论的推论 2——控制短期资产增长（长期资产增长）后，长期资产增长（短期资产增长）对未来股票收益预测能力有所提高。

3.2.4 资产不平衡的衡量指标

本书扩展的 Q 理论定价模型从新的角度对资产增长效应进行了解释，相对于资产不平衡水平较高的公司，资产不平衡水平较低的公司中资产（总资产、长期资产和短期资产）增长包含更有效的贴现率信息，因此该模型的推论 3 认为资产不平衡水平较低的股票（投资组合）的三类资产增长溢价会偏高。本节提出了一个直接衡量资产不平衡的指标（AIB），并据此研究资产不平衡机制对资产增长效应的影响。

本节构建的资产不平衡指标简易且有直观的经济解释，该指标基于短期资产增长和长期资产增长的相对排序。如果短期资产增长与长期资产增长同向变动，则假设资产不平衡水平较低；相反，如果股票的长期资产大量增加而短期资产大量减少时，则假设资产不平衡水平较高。在此假设的基础上，对每只股票设定两个由 1 到 10 的指数，指数一基于短期资产增长的单变量分组（10 组），指数二基于长期资产增长的单变量分组（10组）。资产不平衡指数（AIB）定义为指数一与指数二差值的绝对值。比如，在某一时间点，一公司的短期资产增长很高，设指数一为10，同时其长期资产增长很低，设指数二为1，此时的资产不平衡指数（AIB）为｜10-1｜=9，表明其短期资产增长与长期资产增长处于较高的不平衡状态。在这种资产不平衡的衡量标准下，每年6月末，构建以资产不平衡指数（AIB）为一维变量，以资产（总资产、短期资产和长期资产）增长为二维变量的5×5双变量分组投资组合，并对比不同AIB投资组合中的三类资产增长溢价的变动模式。

表3-10　　资产不平衡指数与资产增长双变量分组

面板A：控制资产不平衡条件下的LAG溢价					
	AIB1	AIB2	AIB3	AIB4	AIB5
LAG Prm.	-0.98	-0.50	-0.26	-0.34	-0.08
	(-4.14)	(-2.71)	(-1.39)	(-1.77)	(-0.45)
LAG spread	2.16	0.69	0.44	0.45	1.17
面板B：控制资产不平衡条件下的CAG溢价					
	AIB1	AIB2	AIB3	AIB4	AIB5
CAG Prm.	-1.04	-0.41	-0.28	-0.20	0.15
	(-4.37)	(-2.30)	(-1.67)	(-1.36)	(0.93)
CAG spread	1.98	0.70	0.48	0.52	1.02
面板C：控制资产不平衡条件下的TAG溢价					
	AIB1	AIB2	AIB3	AIB4	AIB5
TAG Prm.	-1.05	-0.58	-0.37	-0.30	-0.06
	(-4.47)	(-3.30)	(-2.12)	(-1.64)	(-0.32)
TAG spread	2.13	0.77	0.46	0.37	0.52

表 3-10 给出了双变量分组的结果，面板 A 为五组资产不平衡投资组合下的长期资产增长溢价，与模型的推论 3 一致，从资产不平衡较低的组合（AIB1）到资产不平衡较高的组合（AIB5），长期资产溢价绝对值表现出了明显的递减趋势。在资产不平衡最低的组合中，长期资产增长溢价为每月 -0.98%（t 统计值为 -4.14），而在资产不平衡最高的组合中，该溢价降低至 -0.08%（t 统计值为 -0.45）。面板 A 的最后一行给出了在五组资产不平衡投资组合下长期资产增长投资组合中的长期资产增长变量（LAG）的高低组差值，不同于长期资产增长溢价，长期资产增长变量的差值呈现了"U 型"变化。在最低的资产不平衡组合中该差值最大，为 2.16，在第三组资产不平衡组合中该差值最小，为 0.44，而在最高的资产不平衡组合中，长期资产增长变量的差值又增长至 1.17，为五组中的第二大差值。这表明不同水平的资产不平衡投资组合中的长期资产增长溢价的差异并不是由其长期资产增长变量的差异造成的（两者并没有共同趋势）。

面板 B 和面板 C 对短期资产增长溢价和总资产增长溢价的分析有类似的结果。在最低的资产不平衡组合内（AIB1），短期资产增长条件溢价绝对值最高，为 1.04%，而在最高的资产不平衡组合内该条件溢价绝对值最低，为 0.15%。类似地，最低资产不平衡组合内的总资产增长条件溢价绝对值为 1.05%，而最高组合中总资产增长条件溢价绝对值为 0.06%。同样地，各资产不平衡组合下细分的资产增长投资组合中的短期资产增长差值（CAG）和总资产增长差值（TAG）并不能解释相应 AIB 组合内的短期资产增长条件溢价和总资产增长条件溢价的变化规律，因为总资产增长差值和短期资产增长差值在各资产不平衡组合中并没有与对应溢价一致的变化趋势。

表 3−11 高低资产不平衡组 Fama − Macbeth 回归检验

	面板 A：低资产不平衡组						
Spec.	1	2	3	4	5	6	7
Intercept	1.32 (5.56)	1.31 (5.45)	1.29 (5.39)	1.14 (4.59)	1.07 (4.60)	1.32 (5.57)	1.07 (4.73)
TAG	−0.40 (−4.99)					−0.32 (−2.46)	−0.25 (−2.09)
CAG		−0.28 (−4.59)				−0.04 (−0.46)	−0.05 (−0.61)
LAG			−0.23 (−5.14)			−0.04 (−0.94)	−0.05 (−1.04)
B/M				0.08 (3.72)			0.07 (3.49)
MOM					0.71 (4.56)		0.67 (4.36)
Adj. R^2 (%)	0.47	0.40	0.31	0.34	1.44	0.60	2.22
	面板 B：高资产不平衡组						
Spec.	1	2	3	4	5	6	7
Intercept	1.27 (4.85)	1.26 (4.73)	1.26 (4.79)	1.14 (4.12)	1.10 (4.34)	1.29 (5.01)	1.04 (4.12)
TAG	−0.13 (−0.89)					−0.23 (−1.34)	−0.22 (−1.35)
CAG		−0.01 (−0.21)				0.06 (0.78)	0.05 (0.77)
LAG			−0.01 (−0.29)			0.00 (−0.02)	0.04 (0.69)
B/M				0.12 (3.07)			0.11 (2.99)
MOM					0.53 (3.26)		0.52 (3.19)
Adj. R^2 (%)	0.27	0.21	0.16	0.35	1.36	0.53	2.15

从上文的实证分析可以看出，资产不平衡水平较低的股票资产增长溢价较高，然而，这并不是简单地由于这类股票的资产增长差值较大所导致的。为了验证这一观点，本节根据所选样本股票资产不平衡指数的截面中位数将所有股票分为了两组——资产不平衡指数高于其横截面中位数的股票归类为高资产不平衡组，而低于其横截面中位数的股票则被归类为低资产不平衡组。然后对资产不平衡水平不同的两组股票分别进行 Fama – Macbeth 回归检验。资产增长系数（CAG、LAG、TAG）反映了每单位资产增长变化所导致的预期股票收益的变化情况。未列出的数据计算结果表明在低资产不平衡组内，短期资产增长和长期资产增长的平均横截面相关系数显著为 0.55，短期资产增长与长期资产增长同向变动；而在高资产不平衡组内，两者的相关系数显著为 – 0.25，短期资产增长和长期资产增长呈反向变动趋势。

表 3 – 11 中的面板 A 列出了低资产不平衡组的 Fama – Macbeth 回归结果。第 1 – 3 列分别将总资产增长、短期资产增长和长期资产增长视为预测因子对未来股票收益进行单变量回归，其回归系数分别为 – 0.40、– 0.28、– 0.23，三个回归系数及相应的 t 统计值绝对值均比表 3 – 5 中对应列的单变量回归估计值高。在第 6 – 7 列中，引入账面市值比和动量变量作为控制变量，回归结果依旧稳健。作为比较，面板 B 对高资产不平衡组的股票进行的单变量回归中，三类资产增长的系数均不显著。从经济量值上看，面板 B 第 1 列中总资产增长预测因子的回归系数仅为面板 A 中对应系数的 1/3，而且高资产不平衡组的短期资产增长和长期资产增长的回归系数均接近零且不显著。

作为衡量资产增长所包含的未来股票收益信息中干扰项的指标，本书所采用的资产不平衡指数（AIB）可以用来理解为何相对于长期资产增长和短期资产增长，总资产增长对未来股票收益有更强的预测能力。在本书扩展的基于投资的 Q 理论定价模型中所给出的解释是：（1）资产不平衡机制导致了短期资产增长和长期资产增长的反向变动；（2）总资产增长是短期资产增长和长期资产增长的加权平均，所以由资产不平衡机制导致的短期资产增长与长期资产增长的反向变动在总资产增长中会有一部分相互抵消，即两类子资产增长中的干扰项相互抵消。如果这一机制合理的话，那么由于资产增长溢价（投资因子）主要来源于两个极端投资组合，我们推测在极端（最高和最低）总资产增长投资组合中，资产不平衡指数（AIB）要比极端短期资产增长投资组合和极端长期资产增长投资组合中的资产不平衡指数低，我们将在下文对这一推测进行验证。

表3-12 三类资产增长投资组合的资产不平衡指数变化情况

	面板A：LAG五分组投资组合				
	LAG1	LAG2	LAG3	LAG4	LAG5
AIB	3.13	2.34	2.10	2.51	2.85
	面板B：CAG五分组投资组合				
	CAG1	CAG2	CAG3	CAG4	CAG5
AIB	3.39	2.30	2.08	2.50	2.67
	面板C：TAG五分组投资组合				
	TAG1	TAG2	TAG3	TAG4	TAG5
AIB	2.29	2.70	2.88	2.89	2.16

表3-12给出了基于总资产增长（面板C）、短期资产增长（面板B）和长期资产增长（面板A）构建的单变量投资组合中各组的平均资产不平衡指数（AIB）。在短期资产增长（CAG）和长期资产增长（LAG）投资组合中，资产不平衡指数均呈现"U型"变化趋势。在长期资产增长投资组合中，资产不平衡指数从最低组（LAG1）的3.13降低至第三组的2.10后，在最高组（LAG5）又增长至2.85；同样，在极端的短期资产增长投资组合中，平均资

产不平衡指数分别为3.39（CAG1）和2.67（CAG5），而在中间组的AIB指数最低。相反，在总资产增长投资组合中，平均资产不平衡指数呈现"钟型"变化，最低和最高总资产增长组合的资产不平衡指数分别为2.29和2.16，均比两类子资产增长投资组合两极端组内的指数低。因此，与上文的推测一致，总资产增长中和了短期资产增长和长期资产增长中所含信息的部分干扰项，拥有更"纯净"的贴现率信息，所以总资产增长对未来股票收益的预测能力要优于两类子资产增长。

综上所述，本节发现当资产不平衡水平较低时，资产增长溢价会大幅度提高，为本书扩展Q理论的推论3提供了实证支持。基于本书从投资角度的解释，资产不平衡水平较低的股票的短期资产增长和长期资产增长的反向变动相对较弱，因此其资产增长指标中包含了更有效的贴现率信息。

3.3 扩展Q理论对其他类型资产增长预测能力的影响

本书扩展的Q理论除确定了资产增长与未来股票收益的反向相关关系外，还提出了资产不平衡机制。上文已经验证了短期资产增长和长期资产增长之间存在资产不平衡机制，从而导致其对未来股票收益的预测能力要弱于总资产增长。本节进一步探讨其他类型的资产增长中是否存在资产不平衡机制。

3.3.1 资产不平衡对短期资产增长及其子资产增长的影响

在本书扩展的Q理论定价模型中，将生产投入扩展为两部分：短期资产投入和长期资产投入。在实践中，短期资产的不同组成部分有不同的特征。当公司以预防性储蓄为目的持有现金以缓解对未

第3章 美国股市资产增长效应与资产不平衡机制分析

来财务困境的担忧时,通过增加对消费者的销售信贷、应收账款可以大幅提高公司的收入。另外,原材料和成品存货在以往相关文献中往往被视为生产要素[如 Ramey(1989),Belo 和 Lin(2012)]。在本节中,我们将短期资产增长(CAG)分解为现金增长(CASHG)和非现金资产增长(NOCASHG)两部分,并进一步将非现金资产增长分解为存货增长(INVTG)、应收账款增长(RECTG)和其他资产增长(ACOG),然后检验了这些类型的资产增长中的资产不平衡机制,比较了这些子资产增长对未来股票收益的预测能力。

本节使用剔除短期资产及其子资产缺失值的子样本对股票收益进行 Fama – Macbeth 回归预测分析,表3 – 13 给出了回归分析的结果,第1 – 3 列通过单变量预测回归比较了短期资产增长、现金增长和非现金资产增长的预测能力。由于此回归样本与之前所用样本略有不同(为之前样本的子样本),短期资产增长对未来股票收益的预测能力要比表3 – 5 中的强一些,CAG 回归系数为 – 0.36(t 统计值为 – 5.95)。非现金资产增长的回归系数为 – 0.42(t 统计值为 – 6.15),而现金增长的系数仅为 – 0.02,且不显著。相较于现金增长,非现金资产增长的预测能力更强,这与 Cooper(2008)的结论是一致的。在第8 列中,将三类资产增长放入同一回归模型中,此时短期资产增长(CAG)的系数仍是最显著的,而现金增长的系数变为了正值。第4 – 6 列给出了对非现金资产的子资产增长单变量回归的结果,尽管单独考虑时三类子资产增长对未来股票收益都有很强的预测能力,但在第9 列将子资产增长与非现金资产增长同时考虑时,非现金资产增长仍旧是最强的预测因子,并且依旧显著,t 统计值为 – 2.79,但是其子资产增长的预测能力有了大幅度的降低。在第10 列和第11 列,将所有的子资产增长变量放入同一回归方程中考虑时,同样发现,作为广义的衡量短期资产增长的 CAG 变量对未来股票收益有最强的预测能力。

表 3-13 短期资产增长及其构成的 Fama-Macbeth 回归检验

Spec.	1	2	3	4	5	6	7	8	9	10	11
Intercept	1.30 (5.29)	1.25 (5.01)	1.31 (5.30)	1.26 (5.05)	1.28 (5.20)	1.29 (5.21)	1.31 (5.35)	1.32 (5.36)	1.32 (5.38)	1.32 (5.43)	1.32 (5.43)
CAG	-0.36 (-5.95)										-0.23 (-4.07)
CASHG		-0.02 (-2.63)						0.01 (1.44)		0.01 (1.32)	0.01 (1.34)
NOCASHG			-0.42 (-6.15)						-0.22 (-2.79)		-0.06 (-0.75)
ACOG				-0.06 (-4.19)			-0.01 (-1.63)	-0.23 (-3.92)	-0.02 (-1.59)	-0.01 (-0.99)	-0.01 (-0.95)
INVTG					-0.29 (-5.60)		-0.41 (-6.19)		-0.10 (-2.31)	-0.12 (-2.95)	-0.10 (-2.27)
RECTG						-0.27 (-6.32)			-0.09 (-2.25)	-0.11 (-3.38)	-0.08 (-2.06)
Adj. R² (%)	0.32	0.08	0.30	0.08	0.24	0.21	0.35	0.42	0.42	0.52	0.55

以上关于短期资产增长及其子资产增长对未来股票收益预测能力的对比分析表明，资产不平衡机制并不只存在于短期资产增长和长期资产增长中，在短期资产增长的子资产增长以及非现金资产增长及其子资产增长中也存在一定程度的资产不平衡机制。这一结论也是合理的，因为短期资产有很多形式，并且可以互相转换。比如，当公司销售其产品后，该公司的应收账款会增加而存货会减少，当几个月后公司向客户收取应收账款时，会增加其持有的现金量并降低应收账款的存量。这种短期资产不同形式之间的相互转换虽然与贴现率无明显关系，但会降低这些短期资产子资产增长对未来股票收益的预测能力。

3.3.2 资产不平衡对股权增长和债务增长的影响

本节研究了资产负债表负债部分的资产不平衡机制。大量的研究证实了发行股票和发行债券都可以预测股票收益，如 Richardson 和 Sloan（2003）研究认为发行股票和债券是净外部融资效应的一部分，而 Pontiff 和 Woodgate（2008）认为有经验的股票发行，回购和并购效应是股票增长效应的一部分，Daniel 和 Titman（2006）则认为股票发行与未来股票收益存在负相关关系。尽管如此，本书依旧有理由认为资产增长和负债增长之间存在资产不平衡机制。根据 Kraus 和 Litzenberger（1973）提出的资本结构的权衡理论，最优杠杆反映了在债务的节税收益和破产的无谓损失之间的权衡。这一杠杆体现出了最优目标的调整过程，从而逐步消除了目标偏离的情况。实际上，Lemmon、Roberts 和 Zender（2008）的实证研究表明杠杆比率具有高度持续性和均值回归特性。另一更相关的动机来自于 Whited 和 Zhao（2019），其研究将公司财务的实际收益建模为其债务和资产的常数替代函数，并认为这一收益将最终反映在其增加的公司价值中。如果将我们在第 2 章扩展的双投入 Q 理论模型中的长期资产和短期资产替代为债务和股权，那么可以发现债务增长和股权增长之间也存在资产不平衡效应。

表 3-14　资产负债表负债部分的资产不平衡效应

Spec.	1	2	3	4	5	6	7	8
Intercept	1.51 (6.13)	1.46 (5.87)	1.43 (5.67)	1.31 (5.12)	1.23 (5.16)	1.26 (4.99)	1.51 (6.14)	1.03 (4.54)
TAG	-0.58 (-6.36)						-0.62 (-7.09)	-0.55 (-6.96)
BEG		-0.17 (-3.56)					0.04 (0.91)	0.03 (0.79)
DEBTG			-0.02 (-3.09)				0.01 (0.98)	0.01 (1.21)
B/M				0.10 (4.01)				0.09 (4.43)
MOM					0.42 (2.07)			0.37 (1.84)
GP/A						0.43 (2.77)		0.45 (3.16)
Adj. R^2 (%)	0.35	0.28	0.06	0.32	1.33	0.37	0.46	2.29

本节对股权增长和债务增长间的资产不平衡机制的推论进行了实证检验，表 3-14 中给出了月度股票收益对总资产增长（TAG），权益的账面价值增长（BEG），债务增长（DEBTG）及其他公司特征变量（B/M、MOM、GP/A）的 Fama-Macbeth 预测回归结果。第 1-6 列为单变量回归结果，第 7-8 列在同一回归模型中比较了总资产增长、股权增长和债务增长对未来股票收益的预测能力。与以往的文献研究结论一致，债务和股权增长都可以反向预测未来股票收益，两个回归系数的 t 统计值在数值上均大于 3。然而，当将三类资产增长（TAG、BEG 和 DEBTG）放入同一回归方程中时（列 7），股权增长和债务增长的回归系数均变为正值，而总资产增

长（TAG）的回归系数变得更显著了，这与上文中的长期资产增长和短期资产增长的资产不平衡机制是一致的，并且，当控制了其他公司特征变量后这一结果仍然成立。

本节的结果表明，虽然本书主要研究了长期资产增长和短期资产增长之间的资产不平衡机制，但资产不平衡机制是广泛存在的，短期资产增长及其子资产增长，非现金资产增长及其子资产增长以及从融资角度考虑的债务增长和股权增长之间均存在资产不平衡机制。

3.4 证券分析师盈利预测与资产增长效应

在验证了资产增长效应中存在资产不平衡机制后，我们尝试从行为金融角度对资产增长效应进行解释。从行为偏差角度看，资产增长较高的股票的未来预期收益较低，可能是由于公司过于乐观。我们从证券分析师盈利预测和公告日收益等角度对这一推测进行检验。

3.4.1 盈利预测误差与公告日收益

在构建资产增长五分组投资组合时，分析师会对五个投资组合的盈利进行预测，构建投资组合之后第四个季度的财报会披露实际盈利，我们将实际盈利与预测盈利的差值定义为盈利预测误差。表3-15给出了三类资产增长投资组合中的预测误差、财报实际盈利和预测盈利的均值和中位数的变化情况。其中，fe 为在 t 年 6 月末构建价值加权资产增长投资组合之后 t 年 7 月至 t+1 年 6 月的总预测误差（按 t 年 6 月末价格调整）；ep 为 t 年 7 月至 t+1 年 6 月的总实际盈利（按 t 年 6 月末价格调整）；ep_est 为 t 年 7 月至 t+1 年 6 月的总预测盈利（按 t 年 6 月末价格调整）。

表 3-15 资产增长投资组合的分析师盈利预测误差

面板 A：TAG 投资组合

Port.	fe_mean	fe_median	ep_mean	ep_median	ep_est_mean	ep_est_median
L_o	-0.026	-0.005	-0.033	-0.006	-0.003	0.008
2	-0.01	-0.002	0.038	0.03	0.048	0.039
3	-0.005	-0.001	0.045	0.035	0.05	0.042
4	-0.008	-0.002	0.041	0.033	0.049	0.041
H_i	-0.011	-0.003	0.021	0.024	0.036	0.036
$H_i - L_o$	0.015	0.001	0.054	0.03	0.039	0.028

面板 B：LAG 投资组合

Port.	fe_mean	fe_median	ep_mean	ep_median	ep_est_mean	ep_est_median
L_o	-0.024	-0.004	-0.023	0.007	0.006	0.02
2	-0.007	-0.002	0.038	0.032	0.045	0.04
3	-0.007	-0.001	0.04	0.034	0.047	0.041
4	-0.007	-0.002	0.042	0.032	0.05	0.04
H_i	-0.014	-0.004	0.015	0.021	0.032	0.034
$H_i - L_o$	0.01	0	0.038	0.015	0.026	0.014

面板 C：CAG 投资组合

Port.	fe_mean	fe_median	ep_mean	ep_median	ep_estmean	epestmedian
L_o	-0.023	-0.004	-0.013	0.004	0.014	0.017
2	-0.01	-0.002	0.039	0.03	0.051	0.039
3	-0.006	-0.002	0.041	0.034	0.048	0.042
4	-0.007	-0.002	0.039	0.033	0.046	0.041
H_i	-0.012	-0.003	0.023	0.024	0.038	0.035
$H_i - L_o$	0.011	0.001	0.036	0.02	0.024	0.018

从行为偏差角度看，假设高资产增长组合的未来股票收益较低是由于对公司前景的过度乐观导致的，则证券分析师的盈利预测会偏高，与四个季度后财报所披露的实际盈利的预测误差在由低到高的资产增长投资组合中会呈现递减趋势，在最高的资产增长组

(H_i) 的预测误差为负值并在数值上最大。然而,表 3-15 中的实证结果显示,实际盈利与预测盈利的均值和中位数在三类资产增长投资组合中均呈现了"驼峰型"变化,并不随着资产增长的增加单调变动。如在 TAG 投资组合中,实际盈利的均值先由 -0.033 增长至 0.045,之后又降低至 0.021。预测误差(fe)也并未出现预期的递减趋势,而是呈现"U 型"变化,并且高低组差值为正。在三类资产增长组合中,最低资产增长组(L_0)的预测误差反而比最高资产增长组(H_i)的预测误差大。实证表明,由过度乐观导致的行为偏差无法解释股票收益的资产增长效应以及资产不平衡机制。

表 3-16　三类资产增长投资组合的盈余公告收益

	TAG quintile		LAG quintile		CAG quintile	
	Ret_vw	Ret_ew	Ret_vw	Ret_ew	Ret_vw	Ret_ew
L_0	1.23	2.96	1.17	2.95	1.13	2.51
2	0.83	2.41	1.16	2.15	0.96	2.42
3	0.88	2.00	1.08	1.84	1.01	2.25
4	1.27	1.57	0.90	1.42	1.37	1.70
H_i	1.26	0.28	1.09	0.79	0.92	0.23
$H_i - L_0$	0.04	-2.68	-0.08	-2.16	-0.21	-2.28

为了进一步确定行为偏差在资产增长效应中的作用,我们还比较了构建三类资产增长投资组合之后 12 个月的盈余公告收益的变化情况。在每年 6 月末构建三类资产增长投资组合,计算随后一年的平均日公告收益,公告收益定义为季度盈余公告前一天、当天和后一天三天日收益的均值。由于季度盈余公告数据仅 1971 年后可用,本节选取 1971—2018 年的子样本进行检验。表 3-16 给出了三类资产增长五分组投资组合的价值加权和等权加权的公告收益均值和高低组差值。在三类资产增长组合中,等权加权的公告日收益

(Ret_ew)呈现明显的递减趋势,差值均超过 -2.00%;而价值加权的公告收益(Ret_vw)在子资产增长投资组合中整体呈递减但并非单调变化,在总资产增长投资组合中无明显单调趋势,且三组的高低组差值均远小于等权加权的差值。三类资产增长投资组合中,价值加权盈余公告收益的模式很弱,有的甚至变为正值(TAG投资组合中 $H_i - L_o$ 为 0.04%)。而等权加权的盈余公告收益表现相对较好,但是也仅仅是每年 2% 的水平,相对于 10% 的等权加权的资产增长超额收益要小很多。从行为金融角度看,资产增长效应是由于投资者过度乐观,从而导致随后的股票收益较低,但资产增长投资组合的盈余公告收益呈递减趋势,表明了投资者对市场信息的反应不足,资产增长效应与盈余公告效应并不一致。

3.4.2 长期盈利增长预测与资产增长效应

为了进一步分析盈利预测的作用,参照 LaPorta(1996)的文章,我们对分析师的长期盈利预测与资产增长效应和资产不平衡的关系进行了研究,比较了构建三类资产增长投资组合之后 12 个月内的长期盈利预测增长及其修正的变化情况。表 3-17 分别给出了在 t 年 6 月末构建三类资产增长投资组合后,同年 6 月末的价值加权(vw)和等权加权(ew)的分析师长期盈利增长预测(LTG)变化情况,t 年 7 月至 t+1 年 6 月间长期盈利增长预测值的变化(dLTG)情况。长期增长预测值(LTG)在三类资产增长投资组合中虽然没有明显的单调趋势,但在最高的资产增长组合中(H_i),投资者比较乐观,对公司前景有正向的预期,故而长期盈利增长也较高。但是,由于投资者过度乐观而导致对长期增长预测过高时,在接下来一年内,分析师对长期盈利增长的预测值会回落,从而使得最高资产增长组的长期增长预测的变化在数值上最高。在高的资产增长组合中的股票确实有较高的长期盈利增长预测值(LTG),并且在未来 12 个月内有负向的盈利修正,但是盈利修正仅占最初长期盈利增长变化的 20% 左右。这表明行为偏差对资产增长效应有一定的解释能力但并不是很强。在我们构建的五分组长期盈利增长（LTG）投资组合中，长期盈利增长溢价并不算大——价值加权的长期盈利增长溢价基本为 0，等权加权的长期盈利增长溢价相当于每年 -4%。这与 Da 和 Warachka (2011) 等其他学者的结论是一致的，其研究也发现长期盈利增长溢价很弱。

表 3-17　三类资产增长投资组合的长期盈利预测修正

	TAG quintile			LAG quintile			CAG quintile		
	$dLTG\_vw$	$dLTG\_ew$	LTG	$dLTG\_vw$	$dLTG\_ew$	LTG	$dLTG\_vw$	$dLTG\_ew$	LTG
L_o	0.194	-0.308	14.294	0.033	-0.518	14.941	-0.308	-0.592	14.563
2	-0.172	-0.494	12.541	-0.186	-0.479	12.976	-0.019	-0.454	13.076
3	-0.168	-0.406	12.900	-0.190	-0.457	12.797	-0.156	-0.491	13.393
4	-0.407	-0.738	15.393	-0.504	-0.833	15.416	-0.473	-0.769	15.137
H_i	-0.967	-1.683	19.741	-0.888	-1.499	19.627	-0.920	-1.504	18.899
$H_i - L_o$	-1.161	-1.375	5.448	-0.921	-0.982	4.687	-0.613	-0.912	4.336

长期盈利增长对资产增长效应和资产不平衡的解释能力是相当有限的。我们接下来构建长期盈利增长预测和三类资产增长的双变量投资组合验证了这一点。在每年 6 月末，我们首先根据分析师的长期盈利增长预测（LTG）将所有股票分为五组，然后再依据三类资产增长将每组中的股票再细分为五组，表 3-18 分别给出了双变量分组投资组合的价值加权超额收益以及三类资产增长溢价的结果。面板 A 中，从低 LTG 组到高 LTG 组，总资产增长溢价绝对值成递增趋势，由 1.17% 增长至 8.56%，从而计算出控制 LTG 后的年度总资产增长条件溢价为 -4.62%（月度为 -0.39%）；面板 B 中各 LTG 组的长期资产增长溢价和面板 C 中各 LTG 组的短期资产增长溢价绝对值也基本呈递增趋势，长期资产增长条件溢价为每年 -3.33%（每月 -0.28%），短期资产增长条件溢价为每年

-3.92%(每月-0.33%),并且三类条件溢价均是显著的。双变量分组的结果显示控制长期盈利增长后,各资产增长对未来收益的预测能力虽有所减弱,但并未消失,表明行为偏差并不能完全解释资产增长效应与资产不平衡机制。

表3-18 长期盈利增长预测与资产增长双变量分组

面板A:LTG与TAG双变量分组						
Port.	L_o	2	TAG	4	H_i	$H_i - L_o$
L_o	10.65	9.32	10.92	7.83	9.48	-1.17
2	10.03	9.60	7.89	10.40	8.90	-1.13
LTG	12.27	10.04	10.77	9.60	5.15	-7.12
4	12.00	10.82	11.53	8.90	6.87	-5.12
H_i	14.00	11.12	8.58	11.79	5.43	-8.56
TAG prm.						-4.62
面板B:LTG与LAG双变量分组						
Port.	L_o	2	LAG	4	H_i	$H_i - L_o$
L_o	9.05	10.38	10.01	8.22	8.85	-0.20
2	10.20	8.92	9.94	9.08	8.90	-1.29
LTG	10.98	10.40	10.29	7.30	7.91	-3.07
4	11.60	11.80	11.85	9.72	7.51	-4.09
H_i	12.01	11.19	8.71	9.03	3.99	-8.02
LAG prm.						-3.33
面板C:LTG与CAG双变量分组						
Port.	L_o	2	CAG	4	H_i	$H_i - L_o$
L_o	9.53	9.66	10.13	7.55	8.88	-0.65
2	11.23	9.25	8.30	9.75	8.59	-2.64
LTG	11.44	9.64	11.40	9.63	5.61	-5.83
4	12.33	12.27	8.49	11.56	6.83	-5.50
H_i	8.70	10.70	11.69	12.89	3.73	-4.97
CAG prm.						-3.92

3.5 本章小结

Cooper（2017）的研究认为，使用基于投资 Q 理论的总资产增长指标构建投资—收益因子模型中的投资因子并不准确，本章对比了短期资产增长和长期资产增长对未来股票收益的预测能力以及总资产增长对未来股票收益的预测能力，研究结果认为，总资产增长对未来股票收益有最优的预测能力，使用总资产增长溢价构建投资因子具有一定的合理性。本书扩展的 Q 理论模型的最优投资条件给出了一个新的解释投资与股票收益关系的机制——资产不平衡机制，并且这一机制与贴现率无关，资产不平衡会导致短期资产增长和长期资产增长的反向变动，两类资产增长所包含的干扰项削弱了其对未来股票收益的预测能力。但是由于总资产增长可视为短期资产增长和长期资产增长的加权平均，两类资产增长中所包含信息的干扰项在总资产增长中会相互抵消一部分，所以总资产增长包含更有效的贴现率信息。同时，短期资产增长对未来股票收益的预测能力并不能被其子资产增长替代，股权增长和债务增长之间也存在资产不平衡机制。对证券分析师盈利预测的分析表明，盈利预测会对资产增长效应和资产不平衡机制产生一定的影响，但行为偏差并不能完全解释资产增长效应。本书的研究为资产增长效应中的资产不平衡机制提供了大量的实证支持，验证了资产增长效应与投资 Q 理论的一致性，本章研究认为，使用总资产增长指标构建投资因子具有一定的合理性。

第4章

股权分置改革前后中国 A 股市场资产增长效应与资产不平衡机制分析

我们在第 3 章验证了资产不平衡机制在美国股票市场的存在性，并从这一角度解释了投资因子与 Q 理论的一致性。资产不平衡机制的核心思想是短期资产增长和长期资产增长中存在反向的干扰项，而在由两者加权构成的总资产增长中，两类干扰项相互抵消，从而相对于短期资产增长和长期资产增长，总资产增长能够更好地预测未来股票收益，这一结论与 Hou、Xue 和 Zhang 的 Q 理论是一致的。上文的研究结果认为用总资产增长变量构造资产定价线性因子模型中的投资因子是合理的，本章在此基础上以股权分置改革为分界点，研究中国股票市场的资产增长效应，探究资产不平衡机制在中国 A 股市场的适用性。

4.1 中国股票市场与美国股票市场对比分析

4.1.1 中国股票市场特色

中、美股票市场是两个比较有代表性的市场。美国股市历史悠久，是目前相对成熟的股票市场，有丰富的投资品种，具有全球资本市场"晴雨表"的功能；而中国股市仅有近三十年的历史，发展时间较短，投资品种单一，并且表现出了很明显的"政策市"和投机性特点。此外，中国股市与美国股市最大的不同在于股权结构差异。2005年以前，股权分置是中国股市的一大特色，这大大限制了中国股市的市场化程度，有悖于经济发展的本质。股权分置改革之后，中国进一步向有效市场迈进，但是与成熟的美国市场相比仍有很大差距。资产定价理论是在有效市场假说的基础上发展起来的，在较为成熟的美国股市可以得到很好的验证。然而，资产定价模型不仅局限于有效市场，很多学者也在不同类型的股票市场中对资产定价模型进行了检验。本书在检验了美国股市的资产不平衡机制后，进一步将目标定位于弱有效市场——中国股市，检验资产不平衡机制在不同水平的股票市场的有效性。

相对于美国股票市场，中国股票市场有自己的特色。首先，中国股市主要实行"T+1"交易制度，当日买进的股票，要至少到下一个交易日才能卖出。其次，为了控制资本市场上的暴涨与暴跌现象，抑制投机行为，自1996年12月起，沪深交易所规定在每天的交易中限定当日的证券交易价格相对于上一个交易日收盘价的上下波动的幅度。对普通股和基金类证券的交易价格实行10%的涨跌幅限制，对特殊处理股票（ST）的交易价格实行5%的涨跌幅限制，但并不限制首次公开发行的股票（IPO）的价格。2014年1月1日之后规定新股上市首日股价的最高涨幅为发行价格的44%。而在美国股市，股票可以在买入的当天自由卖出，并且无涨跌幅限制。

此外，中国股市的股票相对多样化，主要有三种类型：A股、B股和H股。A股是指在中国大陆注册，在上交所或深交所上市的普通股票，以人民币认购和交易，实行"T+1"交易制度，涨跌幅为10%，参与投资者为中国大陆的机构或个人。A股占全部交易股票的96%，本章的后续分析样本即为A股。B股是指在中国大陆注册和上市，面值为人民币，以外币认购和交易的特种股票，于1992年起在上交所和深交所发行，在上交所以美元进行结算，在深交所以港元进行结算。B股实行"T+3"交易制度，涨跌幅同为10%，参与投资者为港澳台地区居民和外国人，2001年后持有合法外汇存款的大陆居民也可投资B股。H股也称为国企股，是指在中国大陆注册、在香港上市的中资企业股票，从1993年起H股在香港上市，实行"T+0"交易制度，无涨跌幅限制，许多公司会选择在港交所和上交所、深交所之一同时发行股票。

4.1.2 中国股权分置及改革

2005年以前，上市公司的股权结构包含可以上市流通的股票（流通股）和不可以在市场上流通的股票（非流通股），流通股主要由中小股东持有，而非流通股包括国有股和法人股，并且非短期股所占股权比例很高。流通股对企业没有投票权，而非流通股对上市公司拥有绝对的控制权，有同股不同权的特点。在股权分置结构下，非流通股占比很高，约为全部股权的2/3，而流通股仅占1/3，由于非流通股与股价没有直接联系，较小的流通股规模使得股票价格很容易受控制，扭曲了市场定价机制，大多数股东无法从股价增长中获利从而会出现严重的代理问题。此外，非流通股和流通股股东利益的不一致也大大限制了股票市场效率。

为了促进我国资本市场的发展，加速中国经济进一步向市场导向型迈进，2005年4月，证监会正式启动了股权分置改革，改革以非流通股通过"对价"的方式赎买其市场流通权的形式进行。至2008年年初，90%以上的上市公司基本完成了股权分置改革，所有股权均可上市流通。至此，国有上市公司的股权结构和国际接轨，满足了大部分资产定价模型中的假设——股东利益一致，即企业价值最大化。股权分置改革使中国资本市场往前大大地跨越了一步，中国 A 股成为了继美国之后的第二大股票市场。

此外，2006 年财政部发布了新企业会计准则并于 2007 年 1 月 1 日起在上市公司执行，新的企业会计准则体系与国际财务报告准则进一步接轨，是中国会计系统的里程碑。新的企业会计准则的质量较高，并且将各国会计变量的解释进行了统一标准化。在考虑股权分置改革的情况下，股权分置改革基本完成前后中国 A 股样本中的资产增长效应会有不同的表现，股权分置改革后的样本可以更有效地对中国市场进行资产定价检验，因此本章首先选取 2008 年以后的中国 A 股市场作为样本检验股权分置改革后资产增长效应的存在性与资产不平衡机制的适用性，随后进一步研究股权分置改革前的资产增长效应与资产不平衡机制，通过对比研究检验股权分置改革的有效性。

4.1.3 中国股票市场的公司特征

本章所用的样本数据主要来源于国泰安数据库（CSMAR），其中，股票收益取自个股交易数据库，会计数据取自公司研究中的财务报表数据库，Fama-French 因子取自因子研究数据库。考虑到股权分置改革及新的企业会计准则实行前后中国股市的市场化程度有所不同，本章以股权分置改革基本完成的 2008 年 7 月为分界点，分两个阶段以 2000 年 7 月至 2018 年 12 月的 A 股普通股作为研究样本，包含主板、中小板和创业板，剔除金融、公共事业股及特殊处理股票进行研究。本章的主要研究变量总资产增长（TAG）为年度总资产的变化率 $(AT_{t-1} - AT_{t-2})/AT_{t-2}$，其中总资产 AT 为 CSMAR 金融数据 "A001000000"，短期资产增长（CAG）、长期资产增长（LAG）、股权增长（BEG）和债务增长（DEBTG）的定义方法类似。个股收益采用考虑现金红利再投资的月个股回报率，市场收益采用全部 A 股流通市值加权平均的考虑现金红利再投资的月市场回报率，无风险利率采用一年期人民币定期存款利率。

表4－1 公司特征变量及相关系数

面板A：公司特征变量

var	Mean	Std	Median	P25	P75	Obs.
TAG	0.20	0.39	0.11	0.02	0.25	191362
CAG	0.21	0.50	0.10	-0.03	0.28	191354
LAG	0.29	0.64	0.12	0.01	0.33	191314
BEG	0.23	0.58	0.07	0.02	0.17	191362
DEBTG	0.30	0.71	0.13	-0.02	0.37	191362
B/M	0.37	0.24	0.31	0.19	0.48	200013
Size	8.61	37.20	3.54	1.72	7.34	202381
MOM	0.20	0.83	-0.03	-0.23	0.30	197397
GP/A	0.05	0.06	0.05	0.02	0.08	208307

面板B：相关系数

	TAG	CAG	LAG	BEG	DEBTG	B/M	Size	MOM
TAG	1.00	0.85	0.66	0.75	0.72	-0.08	0.00	0.05
CAG	0.85	1	0.35	0.68	0.56	-0.08	0.00	0.04
LAG	0.66	0.35	1	0.47	0.60	-0.05	-0.01	0.02
BEG	0.75	0.68	0.47	1	0.34	-0.07	-0.01	0.04
DEBTG	0.72	0.56	0.60	0.34	1	-0.08	-0.01	0.06
B/M	-0.08	-0.08	-0.05	-0.07	-0.08	1	0.09	-0.09
Size	0.00	0.00	-0.01	-0.01	-0.01	0.09	1	0.05
MOM	0.05	0.04	0.02	0.04	0.06	-0.09	0.05	1

在构建投资组合之前，我们首先分析了样本中公司特征变量的基本情况，表4－1给出了A股上市公司一些特征变量的描述统计及变量间的相关系数。可以看到本章中所用到的所有变量的均值都大于样本中位数，表明其为正偏态分布。比如，总资产增长（TAG）的均值为0.20，高于其中位数0.11，其25分位数和75分位数分别为0.02和0.25。子资产增长率（CAG、LAG、BEG、DEBTG）及其他所选变量的分布与总资产增长类似。但公司规模

(Size) 的分布略有差别,其样本均值要远高于其样本中位数,且标准差很大。面板 B 给出了各变量之间的相关系数,总资产增长与各类子资产增长有很高的正相关性,其相关系数均不低于 0.66,各子资产增长之间也存在显著的正相关关系。账面市值比(B/M)与各类资产增长之间呈现负相关关系,价值型企业的投资一般较少,这与价值因子和投资因子的相互替代性是一致的。公司规模(Size)和动量变量(MOM)与各类资产增长之间的相关关系很弱,盈利能力与资产增长的相关关系也均不超过 0.20。

本节总结了中国股票市场的特点,主要包括"T+1"交易规则,涨跌幅限制和股权分置改革,虽说中国股市仅有近三十年的历史,不如美国股票市场成熟,但其正在逐步向市场导向型的股市迈进,其市场有效性也在不断上升,用有效市场假说分析中国的股市是有一定的参考性的。在此基础上,我们选取中国 A 股作为研究样本并对公司特征变量进行了初步分析,为下文进一步分析资产增长效应与资产不平衡机制做了铺垫。股权分置改革前后中国股市最明显的差别在于股票的流动性,股权分置改革前仅有近 1/3 的股票可以自由流动,也正是这一部分股票在市场定价中发挥着作用;而股权分置改革后所有股票均可上市流动,市场价格受到全部股票的影响,正是这种流动性的差异可能会导致股权分置改革前后资产增长效应的差别。

4.2 股权分置改革前资产增长效应与资产不平衡机制分析

本节首先以 2008 年股权分置改革基本完成之前的 A 股市场为主要研究样本,检验股权分置改革前中国 A 股市场资产增长效应的存在性与资产不平衡机制的适用性。

4.2.1 股权分置改革前资产增长效应分析

首先,我们检验了股权分置改革前股票样本的资产增长效应,选取 2000 年 6 月至 2008 年 12 月的中国 A 股普通股,并剔除金融股、公共事业股及特殊处理股票。表 4-2 各面板分别给出了基于总资产增长、短期资产增长和长期资产增长构建的单变量投资组合的价值加权平均超额收益和资产增长溢价($H_i - L_o$)、标准差和夏普比率。由表 4-2 可以看出,在三类投资组合中,虽然平均资产增长溢价均为负值,但三类溢价均不显著,t 统计值绝对值均低于 1.07。总资产增长溢价(超额收益高低组差值)绝对值为 0.33%,而短期资产增长溢价和长期资产增长溢价绝对值相对较低,分别为 0.29% 和 0.19%,表明股权分置改革前中国 A 股市场的资产增长效应不显著。

表 4-2　　　　　股权分置改革前资产增长投资组合

	面板 A:TAG 投资组合					
	L_o	2	3	4	H_i	$H_i - L_o$
Ret^e	0.83 (0.73)	0.63 (0.58)	0.66 (0.66)	0.57 (0.57)	0.50 (0.50)	-0.33 (-1.04)
Std	11.38	10.91	10.12	10.20	10.10	3.18
SR	0.07	0.06	0.06	0.06	0.05	-0.10
	面板 B:CAG 投资组合					
	L_o	2	3	4	H_i	$H_i - L_o$
Ret^e	0.79 (0.71)	0.78 (0.73)	0.53 (0.52)	0.58 (0.57)	0.50 (0.51)	-0.29 (-1.07)
Std	11.21	10.75	10.32	10.31	10.04	2.71
SR	0.07	0.07	0.05	0.06	0.05	-0.11
	面板 C:LAG 投资组合					
	L_o	2	3	4	H_i	$H_i - L_o$
Ret^e	0.75 (0.69)	0.52 (0.49)	0.78 (0.75)	0.57 (0.56)	0.56 (0.56)	-0.19 (-0.75)
Std	11.09	10.63	10.54	10.25	10.15	2.60
SR	0.07	0.05	0.07	0.06	0.06	-0.07

为了进一步检验资产增长效应,接下来我们基于三类资产增长构造了双变量投资组合,对比各类资产增长的条件溢价。在表4-3面板 A 中,由总资产增长(TAG)和短期资产增长(CAG)构造双变量投资组合,在五个短期资产增长投资组合中,总资产增长条件溢价(TAG Prm.)均不显著,而组间平均总资产增长条件溢价(Ave)为-0.14%,相较于 TAG 非条件溢价反而降低了,且依旧不显著;面板 A2 中控制了总资产增长后,短期资产增长条件溢价(CAG Prm.)均不显著,甚至出现了正向溢价,而平均组间短期资产组间条件溢价(Ave)为-0.13%,表明总资产增长条件下的短期资产增长对未来股票收益的反向预测能力更弱了。在面板 B 中,控制长期资产增长后的组间平均总资产增长条件溢价(TAG Prm.)为-0.23%,且显著;而控制总资产增长后,长期资产增长效应(LAG Prm.)也消失了。基于三类资产增长的单变量投资组合和双变量投资组合的结果均表明,股权分置改革前中国 A 股市场并不存在资产增长效应。此外,控制总资产增长后,短期资产增长和长期资产增长的平均条件溢价均降低,对未来股票收益的反向预测能力基本消失。

表4-3 股权分置改革前三类资产增长双变量分组

	面板 A:CAG 与 TAG 双变量分组					
	面板 A1:TAG 条件溢价					
	CAG1	CAG2	CAG3	CAG4	CAG5	Ave
TAG Prm.	-0.59	-0.06	0.06	-0.18	0.07	-0.14
	(-1.12)	(-0.17)	(0.26)	(-0.66)	(0.23)	(-0.65)
	面板 A2:CAG 条件溢价					
	TAG1	TAG2	TAG3	TAG4	TAG5	Ave
CAG Prm.	-0.25	-0.07	-0.26	-0.22	0.13	-0.13
	(-0.52)	(-0.34)	(-1.06)	(-0.96)	(0.49)	(-0.98)

续表

面板 B：LAG 与 TAG 双变量分组

面板 B1：TAG 条件溢价

	LAG1	LAG2	LAG3	LAG4	LAG5	Ave
TAG Prm.	-0.86	0.36	-0.23	-0.12	-0.29	-0.23
	(-1.68)	(1.21)	(-0.63)	(-0.37)	(-1.04)	(-0.92)

面板 B2：LAG 条件溢价

	TAG1	TAG2	TAG3	TAG4	TAG5	Ave
LAG Prm.	-0.31	0.20	0.14	0.29	-0.18	0.03
	(-0.78)	(0.80)	(0.61)	(1.10)	(-0.77)	(0.21)

4.2.2 股权分置改革前资产不平衡机制分析

在检验了股权分置改革前样本的资产增长效应后，我们进一步检验子资产增长之间的资产不平衡机制。为简便起见，我们首先构建基于资产比例（AR）和三类资产增长的双变量分组，以验证基于扩展 Q 理论的推论 1 在股权分置改革前的中国 A 股市场是否成立。在表 4-4 的面板 A 中，控制资产比例（AR）后的总资产增长溢价（TAG prm.）依旧不显著，组间平均总资产增长溢价为 -0.30%（t 统计值为 -0.96），相对于非条件总资产增长溢价反而降低了。同样地，在面板 B 和面板 C 中，短期资产增长条件溢价和长期资产增长条件溢价在五个资产比例投资组合中虽然均为负值，但均不显著，且相对于非条件资产增长溢价，平均短期（长期）资产增长条件溢价均未有显著增长。表 4-4 的结果初步表明股权分置改革前的中国 A 股市场并不存在资产不平衡机制。

表 4-4 股权分置改革前资产比例与资产增长双变量分组

	面板 A: AR 与 TAG 双变量分组						
	AR1	AR2	AR3	AR4	AR5	Ave	Unc. TAG prm.
TAG Prm.	-0.36	-0.75	-0.19	-0.08	-0.12	-0.30	-0.33
	(-0.88)	(-1.40)	(-0.53)	(-0.23)	(-0.28)	(-0.96)	(-1.04)
Std	4.13	5.44	3.60	3.55	4.55	3.17	3.18
SR	-0.09	-0.14	-0.05	-0.02	-0.03	-0.09	-0.10
	面板 B: AR 与 CAG 双变量分组						
	AR1	AR2	AR3	AR4	AR5	Ave	Unc. CAG prm.
CAG Prm.	-0.07	-0.74	0.01	-0.29	-0.19	-0.26	-0.29
	(-0.21)	(-1.34)	(0.05)	(-0.91)	(-0.48)	(-0.92)	(-1.07)
Std	3.29	5.61	2.87	3.25	4.03	2.80	2.71
SR	-0.02	-0.13	0.00	-0.09	-0.05	-0.09	-0.11
	面板 C: AR 与 LAG 双变量分组						
	AR1	AR2	AR3	AR4	AR5	Ave	Unc. LAG prm.
LAG Prm.	-0.21	-0.42	-0.40	-0.12	-0.04	-0.24	-0.19
	(-0.56)	(-0.99)	(-1.52)	(-0.34)	(-0.10)	(-0.94)	(-0.75)
Std	3.82	4.34	2.63	3.47	3.95	2.56	2.60
SR	-0.06	-0.10	-0.15	-0.03	-0.01	-0.09	-0.07

为了更直观地检验资产不平衡机制，我们根据资产不平衡指标（AIB）将样本股票分为两组：低资产不平衡组（低 AIB 组），即股票资产不平衡指数小于截面中位数；高资产不平衡组（高 AIB 组），即股票资产不平衡指数大于等于截面中位数。表 4-5 比较了控制资产不平衡时，两 AIB 组中的三类资产增长条件溢价。面板 A 中，低资产不平衡组的 TAG 条件溢价为 -0.62，高资产不平衡组的 TAG 条件溢价为 -0.15%，两组的差值相较于前文中的高低 AIB 组溢价差值要小很多，更重要的是，两组总资产增长条件溢价均不显著，表明控制资产不平衡并不能显著提高总资产增长对

未来股票收益的预测能力。同样地,在面板 B 和面板 C 中,相对于高资产不平衡组,低资产不平衡组中的短期资产增长条件溢价和长期资产增长条件溢价绝对值虽然均较高,但依旧不显著,也表明股权分置改革前的资产不平衡机制相对于股权分置改革后要弱很多。

表 4-5　股权分置改革前 AIB 分组资产增长条件溢价

	面板 A：TAG 条件溢价	
	低 AIB 组	高 AIB 组
TAG Prm.	-0.62 (-1.30)	-0.15 (-0.52)
Std	4.83	2.83
SR	-0.13	-0.05
	面板 B：CAG 条件溢价	
	低 AIB 组	高 AIB 组
CAG Prm.	-0.52 (-1.11)	-0.13 (-0.57)
Std	4.69	2.25
SR	-0.11	-0.06
	面板 C：LAG 条件溢价	
	低 AIB 组	高 AIB 组
LAG Prm.	-0.65 (-1.35)	0.07 (-0.35)
Std	4.83	2.08
SR	-0.13	0.04

本节的实证研究表明,股权分置改革前的中国 A 股市场并不存在资产增长效应,并且资产不平衡机制也相对较弱。为了进一步验证股权分置改革的有效性,我们在下一节对股权分置改革后的资产增长效应与资产不平衡机制进行实证检验。

4.3 股权分置改革后资产增长效应与资产不平衡机制分析

在验证了股权分置改革前中国 A 股市场不存在资产增长效应后,为进一步验证中国股权分置改革的有效性,我们在本节进一步对股权分置改革后的中国 A 股市场进行实证研究,检验资产增长效应的存在性与资产不平衡机制的适用性,并与股权分置改革前的实证结果进行对比分析。Loughran 和 Ritter(2000)认为用等权加权法构造投资组合要优于价值加权法,因为价值加权可能会掩盖小规模公司所表现出的异象;而 Fama(1998)则认为价值加权法更优,因为其更能展现出投资者在投资过程中所经历的财富变化。所以,我们在下文的研究中同时用等权加权法和价值加权法(流通市值加权)对中国 A 股进行全面研究。

4.3.1 股权分置改革后的资产增长效应分析

在检验资产不平衡机制前,本节首先检验了股权分置改革后中国 A 股市场的资产增长效应。在 t 年的 6 月末,基于 t-1 年总资产增长(TAG)构建投资组合,将所有样本股票分为五组,第五组包含总资产增长最高的一部分股票,第一组包含总资产增长最低的一部分股票。在 t 年 7 月至 t+1 年 6 月期间持有投资组合,并每年重新构造投资组合。表 4-6a 的面板 A 给出了资产增长投资组合的价值加权月度平均超额收益、标准差和夏普比率。最低资产增长组合(L_0)中的平均超额收益为 0.81%,远高于最高资产增长组合(H_i)的平均超额收益 0.21%,两极端组的月度平均收益差值(即资产增长溢价)为 -0.60%,t 统计值为 -2.30,夏普比率(SR)为 -0.20(对应的年度 SR 为 -0.70),表 4-6a 的面板 B

和面板 C 分别给出了长期资产增长投资组合（LAG）和短期资产增长投资组合（CAG）的各组平均超额收益与资产增长溢价（$H_i - L_o$）。长期资产增长溢价为每月 -0.31%，其夏普比率为 -0.12，短期资产增长溢价为每月 -0.20%，对应的夏普比率为 -0.07。相较于总资产增长溢价，两类子资产增长溢价绝对值和夏普比率均较低，表明其对未来股票收益的预测能力要弱于总资产增长。

表 4 - 6a 价值加权投资组合资产增长溢价

	L_o	2	3	4	H_i	$H_i - L_o$
面板 A：TAG 投资组合						
Ret^e	0.81	0.58	0.38	0.60	0.21	-0.60
	(0.94)	(0.71)	(0.51)	(0.77)	(0.26)	(-2.30)
Std	9.19	8.31	8.08	8.35	8.77	2.95
SR	0.09	0.07	0.05	0.07	0.02	-0.20
面板 B：LAG 投资组合						
Ret^e	0.68	0.67	0.24	0.61	0.37	-0.31
	(0.83)	(0.81)	(0.33)	(0.75)	(0.45)	(-1.54)
Std	8.74	8.40	7.88	8.53	9.00	2.56
SR	0.08	0.08	0.03	0.07	0.04	-0.12
面板 C：CAG 投资组合						
Ret^e	0.50	0.80	0.36	0.57	0.30	-0.20
	(0.58)	(0.95)	(0.49)	(0.75)	(0.36)	(-0.80)
Std	8.94	8.63	8.23	8.09	8.63	2.68
SR	0.06	0.09	0.04	0.07	0.03	-0.07

本节同时检验了等权加权投资组合的资产增长效应，相对于价值加权投资组合，等权加权投资组合的资产增长溢价更显著。如表 4 - 6b 所示，总资产增长投资组合的等权加权资产增长溢价为 -0.70%（t 统计值为 -3.99），短期资产增长溢价为 -0.56%（t

统计值为 -3.80），长期资产增长溢价为 -0.28%（t 统计值为 -1.59），相对于价值加权的投资组合，等权加权投资组合的各类资产增长溢价绝对值都有所提高，尤其是短期资产增长溢价，显著性大大增强。在剔除了规模较小的一部分公司（20%）之后进行的资产增长效应检验，与当前的结果类似，也表明本节所得到的结果并非完全受小规模公司的影响，由于篇幅及结构限制，并未列出这一检验结果。基于等权加权的投资组合得出的结论与价值加权投资组合的结论是一致的，总资产增长对未来股票收益的预测能力要高于两类子资产增长。

表 4-6b 等权加权投资组合资产增长溢价

	L_o	2	3	4	H_i	$H_i - L_o$
面板 A：TAG 投资组合						
Ret^e	1.46	1.28	1.22	1.08	0.76	-0.70
	(1.56)	(1.38)	(1.38)	(1.23)	(0.83)	(-3.99)
Std	9.87	9.68	9.49	9.33	9.83	2.17
SR	0.15	0.13	0.13	0.12	0.08	-0.32
面板 B：LAG 投资组合						
	L_o	2	3	4	H_i	$H_i - L_o$
Ret^e	1.37	1.14	1.02	1.15	1.09	-0.28
	(1.49)	(1.29)	(1.17)	(1.27)	(1.17)	(-1.59)
Std	9.68	9.41	9.32	9.71	10.11	2.47
SR	0.14	0.12	0.11	0.12	0.11	-0.11
面板 C：CAG 投资组合						
	L_o	2	3	4	H_i	$H_i - L_o$
Ret^e	1.35	1.40	1.20	1.05	0.80	-0.56
	(1.45)	(1.49)	(1.35)	(1.20)	(0.88)	(-3.80)
Std	9.92	9.87	9.52	9.19	9.65	1.73
SR	0.14	0.14	0.13	0.11	0.08	-0.32

为了进一步比较总资产增长和子资产增长对未来股票收益的预测能力,我们进行了基于总资产增长和子资产增长的双变量分组,构建非独立 5×5 投资组合并得到各类资产增长的条件溢价,与对应的非条件资产增长溢价进行比较。表 4-7a 给出了价值加权投资组合的各类资产增长条件溢价,面板 A 基于总资产增长和长期资产增长构建了双变量投资组合,面板 A.1 首先按总资产增长将所有股票分为五组,然后在各组内按长期资产增长将各股票再细分为五组,从而得到了控制总资产增长(TAG)后的长期资产增长条件溢价,可以看到控制总资产增长后,长期资产增长条件溢价(LAG Prm.)的 t 值均不显著,甚至 TAG 组合中有 4 组的长期资产增长溢价变为正值,平均长期资产增长条件溢价为每月 0.26%,而上文中非条件长期资产增长溢价为 -0.31%,两者对比表明长期资产增长对未来股票收益的预测能力被总资产增长吸收了。而在面板 A.2 中,总资产增长条件溢价仅在高长期资产增长组合中(LAG5)显著,其月度超额收益为 -1.05%(t 统计值为 -2.95),而五组长期资产增长组合的平均总资产增长条件溢价为 -0.30%,相对于非条件总资产增长溢价,其绝对值有所降低,表明长期资产增长中除了干扰项,也包含关于未来股票收益的有效信息。

表 4-7a   价值加权投资组合条件资产增长溢价

	面板 A:LAG 和 TAG 双变量分组					
	面板 A.1:控制 TAG 后 LAG 条件溢价					
	TAG1	TAG2	TAG3	TAG4	TAG5	Ave
LAG Prm.	0.21 (0.77)	0.69 (1.93)	0.39 (0.94)	-0.09 (-0.29)	0.11 (0.40)	0.26 (1.42)
	面板 A.2:控制 LAG 后 TAG 条件溢价					
	LAG1	LAG2	LAG3	LAG4	LAG5	Ave
TAG Prm.	-0.28 (-0.79)	0.08 (0.23)	0.37 (0.89)	-0.60 (-1.53)	-1.05 (-2.95)	-0.30 (-1.13)

续表

面板 B：CAG 和 TAG 双变量分组

面板 B.1：控制 TAG 后 CAG 条件溢价

	TAG1	TAG2	TAG3	TAG4	TAG5	Ave
CAG Prm.	0.37	0.28	-0.51	0.53	-0.29	0.08
	(1.13)	(0.86)	(-1.32)	(1.54)	(-0.88)	(0.46)

面板 B.2：控制 CAG 后 TAG 条件溢价

	CAG1	CAG2	CAG3	CAG4	CAG5	Ave
TAG Prm.	-0.16	-0.54	-0.62	-0.35	-0.34	-0.40
	(-0.45)	(-1.69)	(-1.72)	(-0.94)	(-1.12)	(-2.02)

面板 B 基于总资产增长和短期资产增长的双变量分组也得到了类似的结论：控制总资产增长后，平均短期资产增长条件溢价在统计上不显著甚至变为正值，组间平均短期资产增长条件溢价为 0.08% 且不显著；而控制短期资产增长后，总资产增长的条件溢价仍显著维持在 -0.40%（t 统计值为 -2.02）的水平。综上，控制了由两者加权平均得到的总资产增长，长期资产增长和短期资产增长对未来股票收益的预测能力基本消失，或者说，总资产增长吸收了两类子资产增长的预测能力，并中和了两类子资产增长中的干扰项。

除此之外，本节还对等权加权投资组合进行了双变量分组检验。表 4-7b 的面板 A 分别给出了控制总资产增长后的长期资产增长条件溢价和控制长期资产增长后的总资产增长条件溢价，与价值加权投资组合的结果类似，平均长期资产增长条件溢价（LAG Prm.）为正值且不显著，平均总资产增长条件溢价（TAG Prm.）仍显著为 -0.58%（t 统计值为 -3.18）。

表 4 – 7b　等权加权投资组合条件资产增长溢价

面板 A：LAG 和 TAG 双变量分组

面板 A.1：控制 TAG 后 LAG 条件溢价

	TAG1	TAG2	TAG3	TAG4	TAG5	Ave
LAG Prm.	-0.24	0.14	0.33	0.36	0.09	0.14
	(-0.74)	(0.57)	(1.34)	(1.52)	(0.52)	(0.84)

面板 A.2：控制 LAG 后 TAG 条件溢价

	LAG1	LAG2	LAG3	LAG4	LAG5	Ave
TAG Prm.	-0.86	-0.23	-0.30	-0.75	-0.74	-0.58
	(-2.86)	(-1.14)	(-1.18)	(-2.74)	(-2.39)	(-3.18)

面板 B：CAG 和 TAG 双变量分组

面板 B.1：控制 TAG 后 CAG 条件溢价

	TAG1	TAG2	TAG3	TAG4	TAG5	Ave
CAG Prm.	0.05	0.02	-0.45	-0.28	-0.07	-0.15
	(0.22)	(0.08)	(-1.83)	(-1.17)	(-0.39)	(-1.22)

面板 B.2：控制 CAG 后 TAG 条件溢价

	CAG1	CAG2	CAG3	CAG4	CAG5	Ave
TAG Prm.	-0.41	-0.53	-0.27	-0.33	-0.24	-0.35
	(-1.23)	(-2.02)	(-1.24)	(-1.50)	(-0.99)	(-2.30)

面板 B 分别给出了控制总资产增长后的短期资产增长条件溢价和控制短期资产增长后的总资产增长条件溢价，与表 4 – 7a 面板 B 结果类似，平均短期资产增长条件溢价（CAG Prm.）绝对值降低且不再显著，平均总资产增长条件溢价（TAG Prm.）绝对值虽然有所降低，但仍旧保持显著，t 统计值为 – 2.30。等权加权法和价值加权法的结论是一致的，总资产增长对未来股票收益的

预测能力不会被子资产增长吸收,而控制总资产增长后,两类子资产增长的预测能力基本消失。在后续研究中,我们将从资产不平衡角度探讨导致中国 A 股市场三类资产增长预测能力差异的原因。

4.3.2　股权分置改革后的资产不平衡机制分析

资产不平衡机制的核心思想之一为资产比例可以预测未来的短期资产增长和长期资产增长情况。如果中国 A 股市场存在资产不平衡机制,那么短期资产与长期资产的比例(AR)也应该能够正向预测长期资产增长,并反向预测短期资产增长。在第 2 章扩展的 Q 理论定价模型中,我们发现控制资产比例后,短期资产增长和长期资产增长对未来股票收益预测能力都有所提升,因为资产不平衡机制与贴现率是无关的。

为了检验这一观点,本节首先根据资产比例(AR)和短期(长期)资产增长变量进行双变量分组,构建 5×5 投资组合,检验控制资产比例后两类资产增长条件溢价的变化情况。表 4-8a 给出了价值加权双变量分组投资组合的各资产增长条件溢价的变化情况,面板 A 显示,控制资产比例(AR)后,五组不同资产比例投资组合的平均长期资产增长条件溢价(Ave)为 -0.35%,相对于非条件长期资产增长溢价 -0.31% 其绝对值有所增长。而面板 B 中,平均短期资产增长条件溢价(Ave)为 -0.49%,相对于非条件短期资产增长溢价 -0.20% 其绝对值有大幅度的增长,并且 t 值也变得显著了。同时,表 4-8b 给出了等权加权双变量分组的各资产增长条件溢价的变化情况,长期资产增长条件溢价增长(Ave)为 -0.31%,短期资产增长条件溢价(Ave)为 -0.67%,并且对应的夏普比率也有所增长。两种方法构建的双变量投资组合均验证了我们扩展的定价模型中的观点,相较于非条件资产增长溢价,控制资产比例后,资产增长条件溢价绝对值有所提升。

表 4-8a 控制 AR 后的条件资产增长溢价（价值加权）

	面板 A：控制 AR 后的 LAG 条件溢价						
	AR1	AR2	AR3	AR4	AR5	Ave	Unc. LAG prm.
LAG Prm.	-0.43	-0.43	-0.62	-0.39	0.11	-0.35	-0.31
	(-1.35)	(-1.20)	(-1.93)	(-1.15)	(0.28)	(-1.67)	(-1.54)
Std	4.33	4.18	3.59	4.24	4.20	2.50	2.56
SR	-0.10	-0.10	-0.17	-0.09	0.03	-0.14	-0.12

	面板 B：控制 AR 后的 CAG 条件溢价						
	AR1	AR2	AR3	AR4	AR5	Ave	Unc. CAG prm.
CAG Prm.	-0.39	-0.22	-0.45	-0.87	-0.51	-0.49	-0.20
	(-1.39)	(-0.87)	(-1.67)	(-2.74)	(-1.05)	(-2.33)	(-0.80)
Std	3.69	3.24	3.10	4.11	4.79	2.28	2.68
SR	-0.11	-0.07	-0.15	-0.21	-0.11	-0.22	-0.07

表 4-8b 控制 AR 后的条件资产增长溢价（等权加权）

	面板 A：控制 AR 后的 LAG 条件溢价						
	AR1	AR2	AR3	AR4	AR5	Ave	Unc. LAG prm.
LAG Prm.	-0.56	-0.29	-0.44	-0.09	-0.18	-0.31	-0.28
	(-2.20)	(-1.05)	(-2.00)	(-0.31)	(-0.57)	(-1.77)	(-1.59)
Std	3.41	3.10	2.78	3.45	3.92	2.38	2.47
SR	-0.16	-0.09	-0.16	-0.03	-0.05	-0.13	-0.11

	面板 B：控制 AR 后的 CAG 条件溢价						
	AR1	AR2	AR3	AR4	AR5	Ave	Unc. CAG prm.
CAG Prm.	-0.50	-0.58	-0.46	-0.91	-0.93	-0.67	-0.56
	(-2.35)	(-2.74)	(-2.24)	(-3.98)	(-2.58)	(-4.17)	(-3.80)
Std	2.85	2.44	2.40	2.31	3.80	1.80	1.73
SR	-0.18	-0.24	-0.19	-0.39	-0.24	-0.37	-0.32

表 4-9　资产比例的 Fama-Macbeth 回归

Spec.	面板 A: TAG				面板 B: CAG				面板 C: LAG			
Spec.	1	2	3	4	1	2	3	4	1	2	3	4
Intercept	1.40	1.34	1.52	1.46	1.38	1.32	1.51	1.44	1.34	1.28	1.51	1.45
	(1.57)	(1.52)	(1.58)	(1.52)	(1.56)	(1.50)	(1.57)	(1.51)	(1.51)	(1.47)	(1.57)	(1.52)
TAG/CAG/LAG	-0.41***	-0.45***	-0.36***	-0.40***	-0.34***	-0.37***	-0.30***	-0.33***	-0.05	-0.06	-0.05	-0.06
	(-3.17)	(-3.65)	(-2.69)	(-3.16)	(-3.76)	(-4.29)	(-3.30)	(-3.86)	(-0.61)	(-0.78)	(-0.67)	(-0.82)
AR		0.03		0.03*		0.03*		0.03*		0.02		0.02
		(1.62)		(1.70)		(1.72)		(1.82)		(1.21)		(1.45)
B/M			0.18	0.18			0.17	0.17			0.15	0.15
			(1.01)	(1.02)			(1.02)	(1.02)			(0.86)	(0.85)
Size			-0.03**	-0.03**			-0.03**	-0.03**			-0.03**	-0.03**
			(-2.30)	(-2.30)			(-2.29)	(-2.29)			(-2.31)	(-2.32)
MOM			-0.36	-0.36*			-0.37	-0.37			-0.42*	-0.42*
			(-1.64)	(-1.66)			(-1.64)	(-1.68)			(-1.94)	(-1.94)
GP/A			0.35	0.31			0.34	0.28			0.07	0.01
			(0.26)	(0.23)			(0.25)	(0.21)			(0.05)	(0.01)
Adj. R² (%)	0.28	0.69	3.93	4.32	0.18	0.59	3.87	4.25	0.24	0.67	3.87	4.28

为了进一步验证资产比例与资产增长的关系,本节进行了对未来股票收益的 Fama – Macbeth 回归预测分析,将资产比例和三类资产增长分别纳入回归方程,并加入公司特征变量作为控制变量。表 4 – 9 的面板 A、面板 B、面板 C 分别列出了三个 Fama – Macbeth 检验的结果。面板 A 中,仅考虑总资产增长变量(TAG)时,其回归系数为 – 0.41,并在 1% 的水平上显著为负,当同时考虑资产比例(AR)和总资产增长时,总资产增长的系数及显著性均有所提升;加入账面市值比(B/M)、公司规模(Size)、动量(MOM)和盈利能力(GP/A)等公司特征变量后,总资产增长对未来股票收益的预测能力有小幅度降低,但依旧显著,并且加入资产比例变量仍旧能够提高总资产增长的预测能力。面板 B 中,短期资产增长(CAG)的单变量回归系数为 – 0.34,其 t 统计值显著为 – 3.76,与资产比例进行双变量回归时,短期资产增长的系数绝对值提高至 0.37,t 统计值绝对值也显著增高至 4.29;加入公司特征变量作为控制变量后,结果基本保持不变,同时考虑资产比例和短期资产增长时,短期资产增长的系数绝对值从 0.30 增长至 0.33。虽然面板 C 中用长期资产增长进行未来股票收益的预测回归的系数并不显著,但是加入资产比例(AR)变量,使得长期资产增长的系数及 t 统计值的绝对值有小幅提高。在三个面板中,公司规模对未来股票收益的预测作用是一致的,其系数均显著为负,表明规模因子在中国 A 股市场也发挥着作用,而账面市值比的系数显著性水平并不高,表明价值因子的作用有待深入研究,而动量变量和盈利能力均不显著,初步表明在我们所选取的中国 A 股股票样本中并不存在动量效应与盈利效应,这与部分关于中国股票市场动量效应与盈利效应的研究结论是一致的。

4.3.3 资产不平衡机制下的资产增长效应分析

本书扩展的 Q 理论模型关于资产增长效应的另一个推论(推

论3）是：相对于资产不平衡水平较高的公司，资产不平衡水平较低的公司的总资产增长、长期资产增长和短期资产增长会包含更多的关于贴现率的有效信息，所以该模型认为资产不平衡水平较低的公司的三类资产增长溢价均会较高。

本节中采用与第3章同样的方法构造衡量资产不平衡水平的指标（AIB），分别根据上一年的短期资产增长和长期资产增长将所有样本股票分为十组，获得两个排序指标，将资产不平衡变量定义为两个排序指标差值的绝对值。据此，如果短期资产增长和长期资产增长同向变动，则资产不平衡水平较低，而当两者反向变动时，资产不平衡水平则较高。在构建资产不平衡指标（AIB）之后，我们首先检验了不同资产不平衡水平下的三类资产增长条件溢价，分别采用价值加权法和等权加权法构造投资组合。表4-10中，根据资产不平衡指数的20%分位数和80%分位数选取AIB最低的一部分股票作为低资产不平衡组，选取AIB最高的一部分股票作为高资产不平衡组，分别计算两组中的三类资产增长条件溢价。面板A列出了两资产不平衡组中价值加权和等权加权总资产增长投资组合中的总资产增长条件溢价（TAG Prm.）。在价值加权投资组合中，低资产不平衡组的总资产增长条件溢价为-0.65%（t统计值为-2.11），而高资产不平衡组的总资产增长条件溢价为-0.31%（t统计值为-1.07）且不显著；在等权加权投资组合中，低资产不平衡组的总资产增长条件溢价为-0.90%（t统计值为-3.72），高资产不平衡组的总资产增长条件溢价为-0.47%（t统计值为-2.60）。在不同的资产不平衡水平下，总资产增长条件溢价有明显的差别，结果表明，无论是价值加权法还是等权加权法，资产不平衡水平较低的股票组合的总资产增长溢价明显高于资产不平衡水平较高组的相应条件溢价，这与上文模型中的推论是一致的。

表 4-10　控制 AIB 后的条件资产增长溢价

	面板 A：控制 AIB 后的 TAG 条件溢价			
	价值加权		等权加权	
	低 AIB 组	高 AIB 组	低 AIB 组	高 AIB 组
TAG Prm.	-0.65	-0.31	-0.90	-0.47
	(-2.11)	(-1.07)	(-3.72)	(-2.60)
Std	3.77	2.97	3.43	1.92
SR	-0.17	-0.1	-0.26	-0.24
	面板 B：控制 AIB 后的 LAG 条件溢价			
	价值加权		等权加权	
	低 AIB 组	高 AIB 组	低 AIB 组	高 AIB 组
LAG Prm.	-0.66	0.03	-0.87	0.06
	(-2.07)	(0.15)	(-3.55)	(0.35)
Std	3.69	2.48	3.42	2.32
SR	-0.18	0.01	-0.25	0.03
	面板 C：控制 AIB 后的 CAG 条件溢价			
	价值加权		等权加权	
	低 AIB 组	高 AIB 组	低 AIB 组	高 AIB 组
CAG Prm.	-0.76	0.13	-0.90	-0.34
	(-2.33)	(0.44)	(-3.70)	(-2.29)
Std	4.10	3.18	3.49	1.72
SR	-0.19	0.04	-0.26	-0.19

在面板 B 和面板 C 中，长期资产增长条件溢价（LAG Prm.）和短期资产增长条件溢价（CAG Prm.）在两类资产不平衡组中的表现与总资产增长溢价类似，无论是等权加权还是价值加权投资组合，两类子资产增长条件溢价在低 AIB 组均明显高于高 AIB 组。在低资产不平衡组，长期资产增长条件溢价分别为 -0.66%（价值加权）和 -0.87%（等权加权），而在高资产不平衡组，长期资

产增长条件溢价甚至变为正值,分别为 0.03% (价值加权) 和 0.06% (等权加权),并且不显著;短期资产增长条件溢价绝对值分别从低资产不平衡组的 0.76% 降低至高资产不平衡组的 0.13%。不同资产不平衡水平的股票组合中资产增长溢价的差别表明资产不平衡机制在各类资产增长预测未来股票收益时均发挥着作用。

表 4-11　　AIB 分组 Fama-Macbeth 回归检验

面板 A:低 AIB 组				面板 B:高 AIB 组			
Spec.	1	2	3	Spec.	1	2	3
Intercept	1.42 (1.58)	1.39 (1.55)	1.40 (1.56)	Intercept	1.55 (1.66)	1.37 (1.53)	1.51 (1.63)
TAG	-0.49 (-3.92)			TAG	-0.63 (-2.06)		
LAG		-0.24 (-3.10)		LAG		0.18 (1.19)	
CAG			-0.39 (-4.08)	CAG			-0.36 (-2.14)

有些学者可能认为在资产不平衡水平较低的投资组合中,较高的总资产增长溢价、长期资产增长溢价和短期资产增长溢价可能是由于这些投资组合中的资产增长变量本身的差值较大。然而事实并非如此,本节通过对资产不平衡不同的两组股票分别进行 Fama-Macbeth 预测回归验证了这一点。表 4-11 分别给出了低资产不平衡组 (面板 A) 和高资产不平衡组 (面板 B) 中股票收益对三类资产增长的单变量回归检验结果。在低资产不平衡组,总资产增长的系数为 -0.49% (t 统计值为 -3.92),长期资产增长回归系数为 -0.24% (t 统计值为 -3.10),短期资产增长回归系数为 -0.39% (t 统计值为 -4.08),三类资产增长对未来股票收益都有很强的预测作用;而在高资产不平衡组,虽然总资产增长的回归

系数在绝对值上变大了,但显著性明显降低了,t 统计值绝对值降低到 2.06,短期资产增长的回归系数和显著性均有所减弱,而长期资产增长对股票收益的反向预测能力消失。由本章样本计算可知,在股权分置改革后的样本中,低资产不平衡组短期资产增长和长期资产增长的截面相关系数为 0.73;而在高资产不平衡组,短期资产增长和长期资产增长呈现反向变动的趋势,两者的相关系数为 -0.20,这种相关关系也与表 4-11 的回归结果一致。

表 4-12　　　　　　　资产增长投资组合中的 AIB

	面板 A:LAG 投资组合				
	LAG1	LAG2	LAG3	LAG4	LAG5
AIB	3.35	2.10	2.05	2.19	2.99
	面板 B:CAG 投资组合				
	CAG1	CAG2	CAG3	CAG4	CAG5
AIB	3.67	2.28	2.00	2.13	2.45
	面板 C:TAG 投资组合				
	TAG1	TAG2	TAG3	TAG4	TAG5
AIB	2.00	3.10	3.11	2.96	1.63

作为衡量资产增长中所包含的贴现率信息干扰项的指标,本书所构建的资产不平衡变量(AIB)可以合理地解释为何总资产增长相对于长期资产增长和短期资产增长能够更好地预测未来的股票收益。在上述实证中已经验证了我们所扩展的双投入 Q 理论模型在股权分置改革后中国 A 股市场的适用性。与美国市场类似,中国 A 股市场中公司的资产不平衡也会导致短期资产增长和长期资产增长的反向变动,而由于总资产增长可以视为两类子资产增长的加权平均,由资产不平衡机制导致的干扰项在总资产增长中会被中和。为了进一步验证资产不平衡机制的稳健性,本节在表 4-12 的面板 A、面板 B、面板 C 中分列出了长期资产增长(LAG)、短期资产

增长（CAG）和总资产增长（TAG）投资组合中资产不平衡指标（AIB）的变化情况。在面板 A 的五分组长期资产增长投资组合和面板 B 的五分组短期资产增长投资组合中，从最低组到最高组，资产不平衡指数均呈现"U 型"变化。在 LAG 投资组合中，资产不平衡指数首先从 3.35 降低至 2.05，随后又增长至 2.99；在 CAG 投资组合中，资产不平衡指数首先从 3.67 降低到 2.00，随后又增长至 2.45。而在总资产增长投资组合中，资产不平衡指数呈现了"钟型"变化，首先从 2.00 增长至 3.11，其后降低至 1.63，并且在两个极端 TAG 组中，资产不平衡指数的值均比长期（短期）资产增长极端投资组合中的值要小。这也表明，相对于短期资产增长和长期资产增长，总资产增长包含了更"纯净"的贴现率信息，从而能够更好地预测未来的股票收益。

4.3.4 其他类型资产增长中的资产不平衡机制

由于短期资产增长和长期资产增长中存在资产不平衡机制，而加权得到的总资产增长中和了两者的干扰项，包含了更有效的贴现率信息，从而对未来股票收益有更强的预测能力。那么，在中国 A 股市场，资产不平衡机制是特例还是普遍存在的呢？本节将对中国 A 股市场其他类型的资产增长中的资产不平衡机制进行检验。

4.3.4.1 资产不平衡对短期资产增长及其子资产增长的影响

下面，我们检验中国 A 股市场的短期资产增长及其子资产增长之间是否存在资产不平衡机制。通过构建不同规格的 Fama – Macbeth 回归，对各类资产增长对股票收益的预测能力进行比较。表 4 – 13 给出了回归预测的结果。第 1—3 列分别给出了短期资产增长（CAG）、现金增长（CASHG）和非现金增长（NONCASHG）的回归系数，三类资产增长对未来股票收益均有明显的反向预测能力，其中短期资产增长的预测能力最强，回归系数为 – 0.39（t 统计值为 – 4.29）。而在第 4 列中，将三类资产增长纳入同一回归方程中时，作为现金增长和非现金增长加权之和的短期资产增长仍旧有显著的预测能力，且回归系数绝对值显著提高，而现金增长和非现金增长的回归系数均变成了正值，表明两类子资产增长的预测能力被加权后的短期资产增长吸收了，短期资产增长与其子组成（现金增长和非现金增长）之间存在资产不平衡机制。

表4-13 CAG及其子成分的Fama-Macbeth回归检验

Spec.	1	2	3	4	5	6	7	8	9
Intercept	1.43 (1.58)	1.37 (1.53)	1.41 (1.57)	1.41 (1.58)	1.40 (1.56)	1.40 (1.56)	1.37 (1.54)	1.42 (1.59)	1.42 (1.59)
CAG	-0.39*** (-4.29)			-0.63*** (-3.17)					-0.61*** (-3.24)
CASHG		-0.06** (-2.09)		0.09* (1.91)					0.09* (1.98)
NONCASHG			-0.24*** (-3.30)	0.08 (0.75)				-0.11 (-1.09)	0.19 (1.45)
RECTG					-0.14*** (-3.92)			-0.11** (-2.56)	-0.10** (-2.28)
INVTG						-0.15** (-2.43)		-0.03 (-0.50)	-0.01 (-0.25)
ACOG							-0.03* (-1.89)	0.00 (-0.14)	-0.01 (-0.39)
Adj. R² (%)	0.16	0.07	0.17	0.31	0.08	0.13	0.07	0.26	0.39

本节同时对非现金资产增长进行了细分，比较了三类非现金资产增长对未来股票收益的预测能力。表4-13的第5—7列分别列出了短期资产中三类非现金资产增长，即应收账款增长（RECTG）、存货增长（INVTG）和其他非现金资产增长（ACOG）的回归系数，在进行单变量回归预测时，三类子资产增长均能显著地

预测未来股票收益,其中应收账款增长的预测能力最强。在第8列中,将三类子资产增长与非现金资产增长(NONCASHG)同时进行回归预测,此时,非现金资产增长、存货增长和其他非现金资产增长的回归系数均不显著,而应收账款增长的系数显著为 -0.11,表明在非现金资产增长与其子资产增长之间并不存在明显的资产不平衡机制。在第9列的回归中,将细分的短期资产增长均考虑在内,此时,除了应收账款增长,其他类别的子资产增长对未来收益的预测能力都被短期资产增长吸收。在中国A股市场,应收账款增长对未来股票收益的预测能力是比较稳定的,这与Cooper(2008)研究中发现的美国市场细分的资产增长中,非现金资产增长能稳定预测未来股票收益的结果是一致的,并且进一步确定了非现金资产增长中是应收项目在发挥作用。

4.3.4.2 资产不平衡对股权增长与债务增长的影响

除了短期资产增长及其子资产增长,本节还从融资角度将资产增长细分为股权增长(BEG)和债务增长(DEBTG),检验两者之间的资产不平衡机制。

表4-14　　　　资产(股权和债务)增长溢价

	L_o	2	3	4	H_i	$H_i - L_o$
面板A:TAG 投资组合						
Ret^e	1.46	1.28	1.20	1.08	0.76	-0.70
	(1.56)	(1.38)	(1.35)	(1.23)	(0.83)	(-3.99)
Std	9.87	9.67	9.49	9.33	9.83	2.17
SR	0.15	0.13	0.13	0.12	0.08	-0.32
面板B:BEG 投资组合						
Ret^e	1.39	1.33	1.27	1.04	0.74	-0.65
	(1.46)	(1.41)	(1.41)	(1.20)	(0.83)	(-3.35)
Std	9.90	10.08	9.58	9.19	9.49	2.24
SR	0.14	0.13	0.13	0.11	0.08	-0.29

续表

面板 C: DEBTG 投资组合

	L_o	2	3	4	H_i	$H_i - L_o$
Ret^e	1.36 (1.49)	1.20 (1.31)	1.11 (1.26)	1.09 (1.21)	1.01 (1.09)	-0.35 (-2.40)
Std	9.71	9.51	9.36	9.54	10.04	1.90
SR	0.14	0.13	0.12	0.11	0.10	-0.18

我们首先比较了三类资产增长效应，表 4-14 给出了三类资产增长投资组合的等权加权平均超额收益及资产增长溢价情况。三类资产增长对未来股票收益都有显著的反向预测能力，其中股权增长溢价为 -0.65%（t 统计值为 -3.35），夏普比率为 -0.29；债务增长溢价为 -0.35%（t 统计值为 -2.40），其夏普比率为 -0.18，而总资产增长对未来股票收益的预测能力比两类子资产增长更强，其资产增长溢价为 -0.70%（t 统计值为 -3.99）。

在验证了资产增长效应后，我们进一步检验股权增长和债务增长之间的资产不平衡机制，比较不同资产不平衡水平下的三类资产增长溢价。因为要检验的是股权增长与债务增长之间的资产不平衡机制，本节中资产不平衡指数（AIB）的定义与上文也有所不同，为股权增长排序和债务增长排序的差值的绝对值。表 4-15 比较了资产不平衡指数低于其 20% 分位数的股票组合和资产不平衡指数高于其 80% 分位数的股票组合中的三类资产增长溢价。面板 A 中，低资产不平衡组的总资产增长溢价为 -1.03%，在绝对值上远高于高资产不平衡组的 -0.21%，并且是显著的。面板 B 中的股权增长溢价和面板 C 中的债务增长溢价在低资产不平衡组均显著且超过 -1%，而在高资产不平衡组均不显著甚至变为了正值。不同水平的资产不平衡组中资产增长溢价的表现与基于短期资产和长期资产的结果是一致的，同样是资产不平衡水平较低的股票组合中两类子资产增长的反向变动较小，包含了更有效的贴现率信息，这也表明在股权增长和债务增长中同样存在资产不平衡机制。

表4-15 不同AIB组资产（股权和债务）增长条件溢价

面板A：控制AIB后的TAG条件溢价		
	低AIB组	高AIB组
TAG Prm.	-1.03	-0.21
	(-2.77)	(-0.95)
std	4.43	2.88
SR	-0.23	-0.07
面板B：控制AIB后的BEG条件溢价		
	低AIB组	高AIB组
BEG Prm.	-1.05	0.04
	(-2.67)	(0.13)
Std	4.49	3.26
SR	-0.23	0.01
面板C：控制AIB后的DEBTG条件溢价		
	低AIB组	高AIB组
DEBTG Prm.	-1.05	-0.04
	(-2.82)	(-0.13)
Std	4.55	3.37
SR	-0.23	-0.01

4.4 本章小结

本章首先介绍了中国股票市场的特点，主要包括"T+1"交易规则、涨跌幅限制和股权分置改革，在此基础上以股权分置改革前后的中国A股为样本对比研究了资产增长效应与资产不平衡机制，实证结果表明，股权分置改革前中国股市并不存在资产增长效应，资产不平衡机制也相对较弱，而股权分置改革后中国 A 股存在显著的资产增长效应，资产不平衡机制也开始发挥作用。此外，本章还检验了资产不平衡机制在其他类型的子资产增长中的存在性，实证结果表明，资产不平衡机制在中国 A 股市场并不是完全适用的。资产不平衡机制主要作用在于证实了总资产增长在预测未来股票收益时的表现要优于任何形式的子资产增长，而各类子资产增长中因干扰项的存在，对未来股票收益的预测能力相对较差。

第 5 章
资产增长效应中的收益波动与夏普比率变动模式分析

本书扩展的 Q 理论模型表明，基于总资产增长构造的投资组合产生的资产增长溢价可以用来构建线性因子模型中的投资因子。总资产增长投资组合中的超额收益呈现明显的递减趋势，而收益波动（由收益标准差衡量）和夏普比率的变动模式则有所不同，在前文的基础上，本章从风险角度重点研究了资产增长效应中的收益波动和夏普比率的变动模式。

5.1 资产增长效应中的收益波动与夏普比率

资产定价研究中的资产增长效应是指资产增长与未来股票收益在截面上的负相关关系，自 2008 年 Cooper 等提出资产增长效应后，十余年来学者对该效应进行了广泛研究。Bordalo（2019），Cooper、Gulen 和 Ion（2020）等学者将资产增长效应与投资者反应过度和对公司历史信息的外推效应等行为偏差联系起来。而其他学者如 Fama 和 French，Hou、Xue 和 Zhang 等则将资产增长视为一种广义的衡量投资的方法，并将使用资产增长溢价构建的投资因子纳入最新的线性多因子定价模型中。从理论上讲，资产增长投资组合中的因子结构和收益联动与基于风险的解释是一致的，不同的资产增长投资组合对一些相同的风险因子有异质性的因子暴露。同时，也与行为金融的解释一致，如 kozak、Nagel 和 Santosh（2018）认为当公司现金流遵循因子结构并且情绪投资者不能买入极端投资组合时，即使预期收益是由投资者情绪引起的，缺乏套利的机会也意味着资产收益会呈现因子结构。本章的目的并不在于探讨资产增长效应的形成机制，而是从另一个角度研究资产增长效应的特征。

5.1.1 资产增长效应与资产增长投资组合

我们在研究资产增长效应时，主要是通过构建资产增长投资组合来检验资产增长溢价。然而，在通过资产增长投资组合研究资产增长效应时，我们发现投资组合中的收益波动呈现明显的"U型"，同时夏普比率呈现明显的"驼峰型"。进一步分析发现，夏普比率的最高值和收益波动的最低值均出现在零资产增长的投资组合附近。因此，本章从另一个角度检验了资产增长效应——并不侧重于平均超额收益或者资产增长溢价的分析，而是研究资产增长投资组合中收益波动和夏普比率的变动模式。

在发现资产增长投资组合中收益波动和夏普比率的特定模式后，我们进行了一系列稳健性检验并分析了导致这种模式的原因，逐一排除相关因素的影响，并发现资产增长投资组合中的双因子结构。首先，将资产增长投资组合进行扩展后，夏普比率的"驼峰"形态和收益波动的"U"形态仍旧很显著；其次，在由子资产增长所构造的投资组合中，包括长期资产增长投资组合、短期资产增长投资组合、股权增长投资组合和债务增长投资组合，资产增长与收益波动和夏普比率也存在类似的模式；再次，一些学者可能会质疑本章所发现的"驼峰型"的夏普比率和"U型"的收益波动是由于两极端组的股票多为小规模股票或者波动性较大的股票所导致的，然而，当控制了公司规模（Size）和异质性波动（Ivol）并构建 5×5 双变量投资组合时，在各个规模或异质性波动五分组投资组合中，资产增长投资组合收益波动及夏普比率的上述模式依旧存在。

我们的研究进一步发现一个包含市场因子和资产增长因子的双因子定价模型可以很好地解释资产增长效应中收益波动和夏普比率的变动模式。在时间序列回归中，十分组资产增长投资组合的平均 R^2 为 87.7%。实际上，这种双因子结构是解释 "U 型" 收益波动和 "驼峰型" 夏普比率的关键。本章将资产增长投资组合收益建模为一个双因子结构，各类资产增长投资组合中两个因子载荷的相对载荷有所不同。在这一简单的框架下，投资组合收益的方差是资产增长因子相对权重（因子载荷）的凸二次函数，而夏普比率是资产增长因子的因子载荷的凹函数。收益波动和夏普比率与资产增长的准确关系取决于溢价的参数化，两个因子的波动性及其相关关系。在构建模型后，我们使用相应的市场因子和资产增长因子的矩来校准该模型，发现最小的收益波动和最大的夏普比率出现在零资产增长附近，这与我们的实证发现是一致的。

5.1.2 资产增长投资组合中的公司特征分析

本章的数据选取和变量定义与第 3 章相同，总资产增长（TAG）定义为总资产（AT）的年度变化率，子资产的增长率（短期资产增长 CAG、长期资产增长 LAG、股权增长 BEG 和债务增长 DEBTG）定义也类似。其中，短期资产使用 Compustat 库中 ACT 指标；长期资产由 (AT – ACT) 计算得出；账面价值（BE）是由所有者权益（SEQ）加上资产负债表中的递延税款和投资税抵扣，再减去优先股的账面价值所得，而优先股的账面价值根据三个指标：债券赎回价值（PSTKRV）、清算价值（PSTKL）和优先股的票面价值（PSTK）数据可用性，按顺序计算；债务（DEBT）包括长期负债和短期负债。公司规模（Size）定义为上一年度六月末以百万计的市场价值;动量变量(MOM)参照 Jegadeesh 和 Titman(1993)的研究,为历史 2—12 个月的累计股票收益;盈利能力(GP)参照 Novy Marx(2013)的研究,为总盈利能力与当期总资产的比率;异质性波动(Ivol)参考 Fama 和 French(1992)的研究,定义为上月三因子模型日度残差的标准差。

表 5-1　　　　　　　　数据描述性统计

面板 A:描述性统计					
Variables	Mean	STD	Median	P25	P75
B/M	0.98	1.68	0.60	0.32	1.04
Size	5.36	2.12	5.27	3.78	6.82
MOM	0.17	0.57	0.08	-0.18	0.37
Ivol	2.49	1.78	1.99	1.28	3.11
GP	0.36	0.27	0.32	0.18	0.50
TAG	0.23	0.61	0.09	0.00	0.22
CAG	0.26	0.82	0.09	-0.04	0.26
LAG	0.30	0.93	0.07	-0.02	0.26
BEG	0.20	1.07	0.09	-0.01	0.22
DEBTG	0.52	2.58	0.00	-0.16	0.28

面板 B:总资产增长投资组合变量特征										
Port.	L_o	2	3	4	5	6	7	8	9	H_i
B/M	0.85	0.92	0.86	0.80	0.73	0.66	0.60	0.54	0.48	0.41
Size	3.72	4.50	5.07	5.36	5.47	5.54	5.48	5.28	5.11	4.79
MOM	0.08	0.10	0.11	0.11	0.11	0.11	0.10	0.08	0.06	0.01
Ivol	2.89	2.15	1.78	1.66	1.63	1.68	1.79	1.95	2.16	2.56
GP	0.27	0.31	0.31	0.32	0.34	0.36	0.38	0.38	0.35	0.29
TAG	-0.17	-0.05	0.00	0.04	0.07	0.10	0.15	0.22	0.38	1.06
CAG	-0.19	-0.06	0.00	0.04	0.08	0.10	0.14	0.22	0.38	1.06
LAG	-0.13	-0.03	0.00	0.03	0.06	0.10	0.14	0.22	0.39	0.96
BEG	-0.17	-0.02	0.02	0.05	0.08	0.11	0.14	0.18	0.31	0.80
DEBTG	-0.19	-0.09	-0.05	-0.01	0.02	0.06	0.12	0.24	0.43	0.73

表 5-1 的面板 A 列出了所选样本公司特征变量的描述性统计分析。本章使用的所有公司特征变量的样本均值均大于其样本中位数,表明其为正偏态分布,如总资产增长(TAG)的均值为 0.23,而其中位数仅为 0.09,其第一四分位数和第三四分位数分别为 0.00 和 0.22。子资产增长分布与总资产增长分布类似,而债务增长分布略有不同,其均值和标准差明显大于其他子资产增长。表 5-1 的面板 B 给出了总资产增长十分组投资组合变量均值情况,根据 Fama 和 French (1992) 的定义,在 t 年 6 月末,基于 t-1 年的资产增长构建十分组投资组合,并在 t 年 7 月到 t+1 年 6 月期间持有该投资组合。总资产增长较高(H_i)的股票表现类似于成长型股票,有较低的账面市值比(B/M)。总资产增长与账面市值比的高度相关性与 Fama 和 French (2015) 的发现是一致的,其研究认为"价值因子是多余的,因为其组合的高异常收益完全可以由其对市场因子、规模因子,尤其是投资因子和盈利因子的暴露解释"。

从另一角度看,总资产增长与公司规模(Size)、动量(MOM)、异质性波动(Ivol)或者盈利能力(GP)之间并没有明显的单调关系。虽然总资产增长与动量和盈利能力的截面关系并不明显,尤其是最高和最低资产增长组合更倾向于为有较高异质性波动的小规模公司,但是后续的结果并不奇怪,因为相较于小盘股公司,对于苹果或者亚马逊这类价值万亿美元的公司来说,要在一年内将其公司规模扩大一倍或者缩小一半是很困难的。面板 B 的后四行给出了各组的平均短期资产增长、长期资产增长、股权增长和债务增长的变动情况,这四类子资产增长在较低的总资产增长组合中(L_o)较小,而在总资产增长较高的投资组合(H_i)中则有强力的扩张,这表明资产负债表中子资产的变动方向是一致的。

5.1.3 资产增长投资组合中的收益波动与夏普比率变动模式分析

本节首先进一步检验了 Cooper（2008）提出的资产增长效应。表 5-2 给出了资产增长十分组投资组合的价值加权平均超额收益、标准差和夏普比率，同时还列出了投资组合中其他衡量风险的指标的变化情况，包括下行贝塔（Downside beta），用均值方差法计算的风险价值（VaR）和第二维的下偏距［LPM（2）］，为了便于比较，表 5-2 的最后一行列出了各组资产增长变量（TAG）的均值。在十分组资产增长投资组合中，最低资产增长组（L_o）的价值加权平均超额收益为每月 0.84%，而最高资产增长组（H_i）的价值加权平均超额收益仅为每月 0.25%，价值加权资产增长溢价（买入最低股票组合并卖出最高股票组合的平均超额收益 $L_o - H_i$）为每月 0.59%（t 统计值为 3.62）。第三行给出了各组超额收益的标准差（收益波动），与平均收益从最低组到最高组递减的趋势有所不同，股票收益的标准差呈现明显的"U 型"变化：首先从 L_o 组的每月 5.59 降低到最低的 3.97（第 4 组），然后逐渐增长到 H_i 组的 6.72。图 5-1 的面板 A 画出了资产增长投资组合收益标准差（STD）与总资产增长（TAG）关系的趋势图，标准差最低的第 4 组的总资产增长值为 0.04，近似为零。此外，其他衡量风险的指标在资产增长投资组合中的变动模式与标准差类似，均在第 4 组时达到极值，即在资产增长接近零时的投资组合风险最低。表 5-2 给出了资产增长投资组合中夏普比率在各组的变动情况。结合投资组合平均收益递增的趋势和收益波动的"U 型"模式，夏普比率在十分组投资组合中呈现"驼峰型"模式。如图 5-1 面板 B 所示，夏普比率（SR）在第 2 组达到峰值，该组的总资产增长值近似为零（-0.05），而最高资产增长组合（H_i）的夏普比率仅为 0.04。

第 5 章 资产增长效应中的收益波动与夏普比率变动模式分析

表 5-2　　　　　　　十分组资产增长投资组合

Port.	L_o	2	3	4	5	6	7	8	9	H_i	L_o-H_i
Ret^e	0.84 (3.89)	0.75 (4.14)	0.65 (3.87)	0.58 (3.80)	0.52 (3.23)	0.56 (3.32)	0.54 (2.98)	0.54 2.57	0.55 (2.46)	0.25 (0.97)	0.59 (3.62)
STD	5.59	4.68	4.33	3.97	4.16	4.37	4.67	5.42	5.76	6.72	4.20
Downside beta	1.01	0.91	0.87	0.86	0.87	0.91	0.96	1.03	1.12	1.25	0.25
VaR	-8.38	-6.97	-6.50	-5.97	-6.34	-6.65	-7.17	-8.40	-8.96	-10.84	-7.52
LPM (2)	13.21	9.36	8.07	6.98	7.99	8.64	10.14	13.84	16.03	24.26	11.84
SR	0.15	0.16	0.15	0.15	0.13	0.13	0.12	0.10	0.10	0.04	0.14
TAG	-0.17	-0.05	0.00	0.04	0.07	0.10	0.15	0.22	0.38	1.06	-1.22

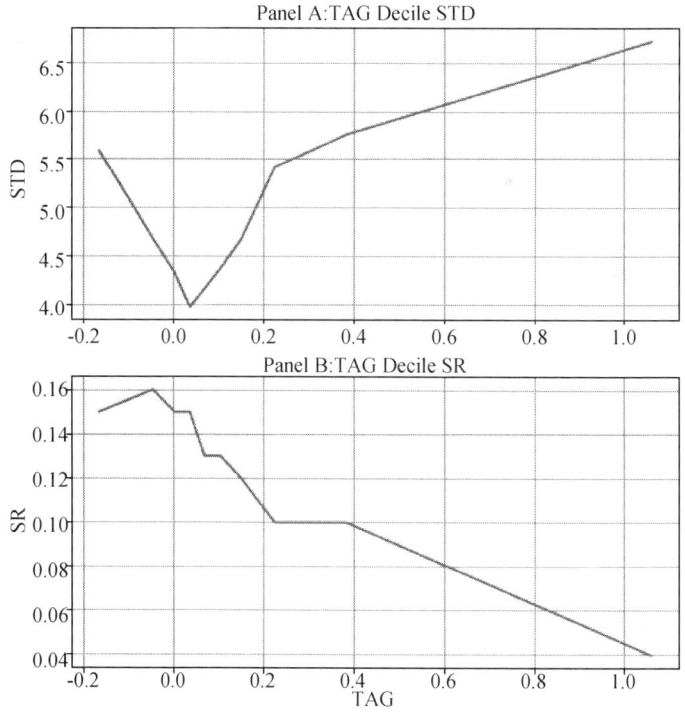

图 5-1　十分组资产增长投资组合的收益波动（STD）与夏普比率（SR）

综上，本章从均值—方差角度发现了资产增长投资组合中风险—收益关系的新模式。不同于资产增长效应阐释的平均股票收益随资产增长递减的模式，资产增长投资组合的收益波动呈现"U型"变化，而夏普比率呈现"驼峰型"变化。对于一个对资产增长投资组合感兴趣并习惯用均值—方差分析法的投资者，零资产增长附近的投资组合每单位风险的收益最高。

5.2 资产增长效应中收益波动与夏普比率的稳健性检验

为了进一步确定资产增长投资组合中收益波动和夏普比率的变动模式，本节将进行一系列稳健性检验。

5.2.1 扩张的资产增长投资组合的收益波动与夏普比率

我们将资产增长投资组合的分组从十组扩展到三十组，当投资组合扩张后，每组中的股票数量减少，相对而言，投资组合的多样性有所降低。表5-3给出了三十分组资产增长投资组合的平均超额收益、标准差和夏普比率等的变化情况。各投资组合的平均收益仍是随着资产增长的递增而降低，最低资产增长组的价值加权月度平均收益为0.81%，而最高组的价值加权月度平均收益仅为0.04%。由于每个投资组合中的股票多样性降低了，三十分组投资组合股票平均收益的单调性相对变弱了。尽管如此，在这一更细分的资产增长投资组合中，收益波动整体上仍旧呈现"U型"，夏普比率也依旧是"驼峰型"。其中，最低的收益波动出现在第11组，该组的资产增长（TAG）为0.04；最高的夏普比率出现在第6组，该组的资产增长（TAG）为0.17。更直观地看，图5-2中的股票收益波动（STD）和夏普比率（SR）的形态与图5-1是基本相同的，表明本章的发现在更细分的资产增长投资组合中是稳健的。

第 5 章　资产增长效应中的收益波动与夏普比率变动模式分析

表 5-3　三十分组资产增长投资组合

Port.	L_o	2	3	4	5	6	7	8	9	10	11	12	13	14	15
Ret^e	0.81 (3.00)	0.97 (4.09)	0.82 (3.61)	0.79 (3.60)	0.74 (3.59)	0.77 (4.27)	0.67 (3.66)	0.67 (3.67)	0.64 (3.56)	0.59 (3.54)	0.58 (3.51)	0.66 (3.87)	0.51 (3.02)	0.52 (2.84)	0.59 (3.46)
STD	6.95	6.12	5.87	5.67	5.33	4.68	4.75	4.69	4.63	4.29	4.28	4.42	4.34	4.67	4.42
SR	0.12	0.16	0.14	0.14	0.14	0.17	0.14	0.14	0.14	0.14	0.14	0.15	0.12	0.11	0.13
TAG	-0.30	-0.17	-0.11	-0.07	-0.05	-0.03	-0.01	0.00	0.01	0.03	0.04	0.05	0.06	0.07	0.08
Port.	16	17	18	19	20	21	22	23	24	25	26	27	28	29	H_i
Ret^e	0.51 (2.74)	0.60 (3.46)	0.64 (3.53)	0.57 (3.16)	0.53 (2.64)	0.54 (2.67)	0.60 (2.78)	0.47 (2.08)	0.55 (2.42)	0.61 (2.58)	0.48 (2.02)	0.59 (2.38)	0.43 (1.71)	0.28 (0.99)	0.04 (0.13)
STD	4.77	4.51	4.68	4.65	5.19	5.25	5.57	5.89	5.85	6.06	6.14	6.36	6.47	7.23	8.29
SR	0.11	0.13	0.14	0.12	0.10	0.10	0.11	0.08	0.09	0.10	0.08	0.09	0.07	0.04	0.00
TAG	0.09	0.10	0.12	0.13	0.15	0.17	0.19	0.22	0.26	0.31	0.38	0.49	0.68	1.04	2.13

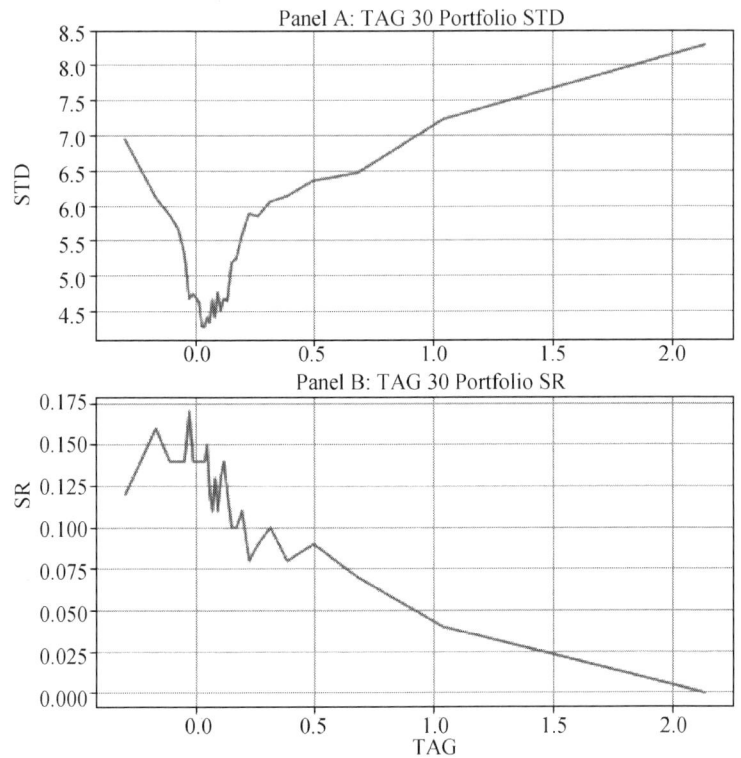

图 5-2 三十分组资产增长投资组合的
收益波动与夏普比率

5.2.2 子资产增长投资组合中的收益波动与夏普比率

本节研究由各类子资产增长构建的投资组合中股票收益波动及夏普比率的变动模式。重点检验四类子资产增长投资组合,即短期资产增长投资组合(CAG)、长期资产增长投资组合(LAG)、股权增长投资组合(BEG)和债务增长投资组合(DEBTG)。表5-4的各面板给出了四个子资产增长投资组合的平均收益、标准差(收益波动)和夏普比率的变化情况。

表 5-4　　　　　　　　　子资产增长投资组合

面板 A：CAG 投资组合

Port.	L_o	2	3	4	5	6	7	8	9	H_i
Ret^e	0.62	0.66	0.64	0.55	0.60	0.53	0.54	0.60	0.50	0.28
	(3.25)	(3.91)	(3.82)	(3.26)	(3.58)	(3.15)	(3.00)	(3.08)	(2.40)	(1.10)
STD	4.94	4.38	4.29	4.33	4.31	4.36	4.64	5.02	5.37	6.56
SR	0.13	0.15	0.15	0.13	0.14	0.12	0.12	0.12	0.09	0.04
CAG	-0.26	-0.11	-0.03	0.02	0.07	0.11	0.17	0.26	0.44	1.24
TAG	-0.12	-0.04	0.00	0.03	0.06	0.10	0.14	0.20	0.34	0.95

面板 B：LAG 投资组合

Port.	L_o	2	3	4	5	6	7	8	9	H_i
Ret^e	0.75	0.86	0.70	0.59	0.56	0.58	0.44	0.52	0.53	0.41
	(3.42)	(4.42)	(4.17)	(3.72)	(3.57)	(3.50)	(2.41)	(2.53)	(2.45)	(1.59)
STD	5.67	5.03	4.37	4.08	4.05	4.26	4.71	5.28	5.63	6.59
SR	0.13	0.17	0.16	0.14	0.14	0.14	0.09	0.10	0.09	0.06
LAG	-0.21	-0.07	-0.01	0.02	0.06	0.10	0.16	0.26	0.47	1.37
TAG	-0.10	-0.02	0.01	0.04	0.06	0.10	0.14	0.20	0.33	0.77

面板 C：BEG 投资组合

Port.	L_o	2	3	4	5	6	7	8	9	H_i
Ret^e	0.74	0.73	0.61	0.62	0.53	0.50	0.57	0.59	0.49	0.21
	(3.32)	(4.06)	(3.70)	(3.83)	(3.33)	(2.98)	(3.27)	(3.03)	(2.22)	(0.81)
STD	5.72	4.67	4.26	4.16	4.14	4.36	4.47	5.05	5.64	6.60
SR	0.13	0.16	0.14	0.15	0.13	0.12	0.13	0.12	0.09	0.03
BEG	-0.46	-0.10	-0.01	0.03	0.07	0.10	0.15	0.21	0.38	1.28
TAG	-0.05	-0.04	0.01	0.04	0.07	0.09	0.13	0.17	0.28	0.68

面板 D：DEBTG 投资组合

Port.	L_o	2	3	4	5	6	7	8	9	H_i
Ret^e	0.57	0.60	0.60	0.56	0.51	0.55	0.50	0.56	0.52	0.44
	(2.31)	(3.04)	(3.41)	(3.19)	(3.15)	(3.42)	(3.03)	(3.11)	(2.80)	(2.03)
STD	6.38	5.13	4.56	4.49	4.21	4.14	4.24	4.64	4.82	5.62
SR	0.09	0.12	0.13	0.12	0.12	0.13	0.12	0.12	0.11	0.08
DEBTG	-0.72	-0.30	-0.15	-0.07	-0.01	0.05	0.14	0.29	0.65	2.49
TAG	0.08	0.02	0.02	0.03	0.04	0.06	0.10	0.15	0.24	0.41

从表 5-4 中可以看出，股票的平均超额收益在四类子资产增长投资组合中大体呈现递减趋势，其中，股权增长投资组合的风险溢价（$H_i - L_o$）最高，为每月 0.53%，债务增长投资组合的风险溢价（$H_i - L_o$）最低，为每月 0.13%。从定性角度看，组合收益标准差和夏普比率与表 5-2 有相同的变动模式。比如，短期资产增长投资组合（CAG）中，收益波动在第 3 组达到最低值，该组的资产增长为 0.00，投资组合的夏普比率在第 2/3 组达到最高值。对于股权增长投资组合（BEG），第 5 组的收益标准差最低，为 4.14，该组的资产增长为 0.07，而第 2 组的夏普比率最高，为 0.16，其资产增长为 -0.04。表 5-4 关于子资产增长投资组合的分析表明，在总资产增长投资组合中的收益波动和夏普比率的变动模式同样存在于子资产增长投资组合之中。

5.2.3 收益波动与夏普比率变动模式影响因素分析

可能会有学者认为，资产增长投资组合中"U 型"的收益波动是由系统性风险导致的，因为我们构建的双因子模型中的市场贝塔也呈现"U 型"。为了验证这一猜测，本节以市场贝塔（Beta）为一维变量，在各市场贝塔组中再以总资产增长（TAG）为二维变量构建 5×10 双变量投资组合，参照 Fama 和 French（1992）的文章，市场贝塔通过 t 年 6 月之前五年 24—60 个月的月度收益滚动 CAPM 回归估计。表 5-5 给出了该双变量分组的结果，与资产增长效应一致，在每个市场贝塔五分组投资组合中，十组总资产增长投资组合中的平均超额收益从最低 TAG 组到最高 TAG 组整体上呈递减趋势。同时，控制了市场贝塔后，资产增长投资组合的收益波动仍旧呈现"U 型"。比如，在最低（L_o）市场贝塔组，资产增长第 5 组收益标准差达到最低值 3.63，该组的资产增长值为 0.05，在最高（H_i）市场贝塔组，资产增长在第 5 组收益标准差达到最低值 7.79，该组资产增长值为 0.08。基于市场贝塔和总资产增长

第5章 资产增长效应中的收益波动与夏普比率变动模式分析

的双变量分组的结果初步表明收益波动的"U型"模式并不是由系统性风险导致的,控制系统风险后,这一模式并未消失。

表5-5 市场贝塔与资产增长双分组投资组合

TAG Beta	Port.	L_o	2	3	4	5	6	7	8	9	H_i
L_o	Ret^e	0.70 (2.97)	0.76 (4.49)	0.57 (3.64)	0.61 (3.85)	0.52 (3.60)	0.55 (3.54)	0.43 (2.65)	0.59 (3.41)	0.53 (2.71)	0.40 (1.99)
	STD	5.94	4.28	3.99	4.01	3.63	3.92	4.10	4.41	4.92	5.09
	SR	0.12	0.18	0.14	0.15	0.14	0.14	0.10	0.13	0.11	0.08
	TAG	-0.15	-0.04	0.00	0.03	0.05	0.08	0.11	0.15	0.24	0.57
2	Ret^e	0.89 (4.07)	0.80 (4.13)	0.82 (4.51)	0.64 (3.66)	0.46 (2.65)	0.52 (2.78)	0.46 (2.57)	0.42 (2.22)	0.67 (3.41)	0.30 (1.43)
	STD	5.52	4.89	4.61	4.43	4.38	4.73	4.53	4.77	5.01	5.32
	SR	0.16	0.16	0.18	0.14	0.10	0.11	0.10	0.09	0.13	0.06
	TAG	-0.14	-0.04	0.00	0.04	0.06	0.09	0.12	0.16	0.25	0.54
3	Ret^e	0.80 (3.17)	0.69 (3.20)	0.65 (3.27)	0.76 (3.63)	0.76 (3.56)	0.59 (2.88)	0.74 (3.51)	0.60 (2.63)	0.36 (1.43)	0.48 (1.94)
	STD	6.44	5.47	5.07	5.31	5.41	5.24	5.37	5.74	6.37	6.22
	SR	0.12	0.13	0.13	0.14	0.14	0.11	0.14	0.10	0.06	0.08
	TAG	-0.15	-0.04	0.00	0.03	0.06	0.09	0.13	0.18	0.27	0.59
4	Ret^e	1.12 (3.87)	0.58 (2.27)	0.64 (2.51)	0.72 (2.91)	0.48 (1.95)	0.54 (2.21)	0.56 (2.27)	0.48 (1.85)	0.65 (2.32)	0.41 (1.39)
	STD	7.34	6.46	6.50	6.25	6.25	6.23	6.22	6.54	7.07	7.41
	SR	0.15	0.09	0.10	0.11	0.08	0.09	0.09	0.07	0.09	0.05
	TAG	-0.18	-0.06	0.00	0.03	0.07	0.11	0.15	0.22	0.34	0.74
H_i	Ret^e	1.17 (2.93)	1.35 (3.63)	0.97 (2.94)	0.64 (1.98)	0.62 (2.03)	0.66 (2.07)	0.53 (1.57)	0.43 (1.27)	0.54 (1.55)	-0.01 (-0.03)
	STD	10.09	9.44	8.40	8.18	7.79	8.05	8.52	8.56	8.80	9.75
	SR	0.12	0.14	0.12	0.08	0.08	0.08	0.06	0.05	0.06	0.00
	TAG	-0.24	-0.09	-0.02	0.03	0.08	0.13	0.20	0.30	0.49	1.09

表 5-6　公司规模与资产增长双分组投资组合

Size \ TAG	Port.	L_0	2	3	4	5	6	7	8	9	H_i
Small	Ret^e	1.91 (4.88)	2.01 (6.00)	1.77 (5.68)	1.68 (6.53)	1.68 (6.73)	1.51 (5.99)	1.36 (5.12)	1.30 (4.79)	1.35 (4.62)	0.79 (2.49)
	STD	10.08	8.63	8.06	6.65	6.42	6.50	6.86	7.02	7.57	8.16
	SR	0.19	0.23	0.22	0.25	0.26	0.23	0.20	0.19	0.18	0.10
	TAG	-0.29	-0.14	-0.07	-0.02	0.02	0.06	0.11	0.18	0.32	0.96
2	Ret^e	1.31 (3.96)	1.27 (4.22)	1.25 (5.21)	1.21 (4.99)	1.27 (5.36)	1.18 (4.65)	1.17 (4.51)	0.97 (3.69)	0.79 (2.73)	0.67 (2.07)
	STD	8.56	7.75	6.22	6.24	6.09	6.54	6.71	6.75	7.46	8.33
	SR	0.15	0.16	0.20	0.19	0.21	0.18	0.17	0.14	0.11	0.08
	TAG	-0.19	-0.07	-0.01	0.03	0.06	0.10	0.16	0.25	0.46	1.27
3	Ret^e	0.98 (3.51)	1.13 (4.78)	0.92 (4.24)	0.99 (4.44)	0.99 (4.46)	0.93 (4.23)	0.95 (3.93)	0.79 (3.08)	0.71 (2.60)	0.28 (0.86)
	STD	7.24	6.09	5.60	5.74	5.73	5.69	6.26	6.59	7.00	8.37
	SR	0.14	0.19	0.16	0.17	0.17	0.16	0.15	0.12	0.10	0.03
	TAG	-0.13	-0.03	0.01	0.05	0.08	0.12	0.18	0.28	0.48	1.30
4	Ret^e	0.94 (3.99)	0.77 (3.87)	0.88 (4.62)	0.72 (3.94)	0.78 (4.03)	0.83 (4.11)	0.75 (3.40)	0.68 (2.90)	0.66 (2.55)	0.33 (1.11)
	STD	6.08	5.12	4.89	4.74	5.02	5.24	5.73	6.06	6.71	7.60
	SR	0.15	0.15	0.18	0.15	0.16	0.16	0.13	0.11	0.10	0.04
	TAG	-0.08	-0.01	0.03	0.06	0.09	0.12	0.17	0.25	0.41	1.03
Big	Ret^e	0.61 (3.39)	0.65 (3.92)	0.54 (3.50)	0.48 (2.99)	0.52 (3.17)	0.46 (2.64)	0.49 (2.67)	0.50 (2.55)	0.54 (2.41)	0.28 (1.11)
	STD	4.61	4.30	3.99	4.12	4.26	4.49	4.76	5.10	5.73	6.41
	SR	0.13	0.15	0.14	0.12	0.12	0.10	0.10	0.10	0.09	0.04
	TAG	-0.06	0.00	0.03	0.06	0.08	0.11	0.14	0.19	0.30	0.71

第5章 资产增长效应中的收益波动与夏普比率变动模式分析

此外，收益波动和夏普比率的变动模式也可能是由于在极端资产增长投资组合中的股票多为小规模股票并且本身更有波动性造成的。为了验证这一猜测，本节还分别构造了规模—资产增长双变量投资组合和异质性波动—资产增长双变量投资组合来检验控制公司规模（Size）和股票异质性波动（Ivol）后的收益波动和夏普比率变动模式。表5–6给出了基于公司规模和资产增长的5×10双变量分组的结果，在每个规模五分组合中，价值加权平均超额收益从最低资产增长组到最高资产增长组递减，而收益标准差（夏普比率）仍旧维持了"U型"（"驼峰型"）模式。比如在最小规模（Small）的投资组合中，收益标准差在第5组达到最低值6.42，对应的资产增长值为0.02，而夏普比率也在该组达到峰值。在最大规模（Big）投资组合中，资产增长投资组合的收益波动（标准差）在第3组达到最低值3.99，对应的资产增长值为0.03，夏普比率在第2组达到峰值，该组资产增长值为0.00。结果表明，资产增长投资组合中的收益波动和夏普比率的变动模式并不受公司规模的影响。

表5–7 异质性波动与资产增长双分组投资组合

TAG Ivol	Port.	L_o	2	3	4	5	6	7	8	9	H_i
L_o	Ret^e	0.71 (4.22)	0.71 (4.29)	0.57 (3.32)	0.62 (4.20)	0.52 (3.25)	0.51 (3.13)	0.48 (2.89)	0.65 (3.74)	0.35 (1.84)	0.62 (2.96)
	STD	4.32	4.29	4.39	3.79	4.15	4.18	4.26	4.46	4.97	5.38
	SR	0.16	0.17	0.13	0.16	0.13	0.11	0.11	0.15	0.07	0.11
	TAG	-0.08	-0.01	0.02	0.04	0.06	0.08	0.11	0.15	0.21	0.45
2	Ret^e	0.82 (3.89)	0.60 (3.19)	0.62 (3.37)	0.61 (3.24)	0.48 (2.43)	0.62 (3.26)	0.64 (3.23)	0.62 (2.96)	0.59 (2.63)	0.44 (1.84)
	STD	5.41	4.84	4.71	4.88	5.13	4.88	5.15	5.39	5.80	6.16
	SR	0.15	0.12	0.13	0.13	0.09	0.13	0.13	0.11	0.10	0.07
	TAG	-0.09	-0.02	0.02	0.05	0.07	0.10	0.14	0.20	0.30	0.66

续表

TAG\Ivol	Port.	L_0	2	3	4	5	6	7	8	9	H_1
3	Ret^e	0.99	0.80	0.83	0.67	0.68	0.78	0.49	0.79	0.41	0.36
		(3.37)	(3.51)	(3.58)	(2.98)	(3.08)	(3.34)	(1.97)	(2.98)	(1.52)	(1.20)
	STD	7.56	5.88	5.97	5.78	5.72	6.04	6.45	6.86	6.97	7.85
	SR	0.13	0.14	0.14	0.12	0.12	0.13	0.08	0.12	0.06	0.05
	TAG	-0.12	-0.03	0.01	0.05	0.08	0.12	0.17	0.25	0.41	0.99
4	Ret^e	0.89	1.07	0.93	0.95	1.04	0.85	0.49	0.42	0.47	0.25
		(2.76)	(3.65)	(3.22)	(3.69)	(3.62)	(3.12)	(1.74)	(1.41)	(1.40)	(0.68)
	STD	8.34	7.59	7.49	6.61	7.40	7.00	7.31	7.73	8.60	9.35
	SR	0.11	0.14	0.12	0.14	0.14	0.12	0.07	0.05	0.05	0.03
	TAG	-0.18	-0.06	0.00	0.04	0.08	0.13	0.20	0.31	0.57	1.40
H_1	Ret^e	0.75	1.32	1.13	0.99	0.86	0.94	0.94	0.54	0.20	0.04
		(1.88)	(3.53)	(3.12)	(2.95)	(2.82)	(3.06)	(2.61)	(1.56)	(0.57)	(0.10)
	STD	10.31	9.69	9.33	8.70	7.88	7.91	9.32	8.91	9.22	10.24
	SR	0.07	0.14	0.12	0.11	0.11	0.12	0.10	0.06	0.02	0.00
	TAG	-0.29	-0.14	-0.06	-0.01	0.04	0.10	0.18	0.31	0.62	1.58

在异质性波动（Ivol）和资产增长（TAG）的双变量分组投资组合中也有类似的结果。表5-7控制了异质性波动后，在各资产增长投资组合中仍旧可以看到收益波动的"U型"模式，尽管夏普比率的走势并不明显，但也能看出其仍旧在零资产增长附近达到峰值。比如，在低异质性波动组（L_0），在第2组资产增长值为-0.01时夏普比率达到最大值0.17，而最低的标准差3.79出现在资产增长投资组合的第4组，资产增长为0.04。表5-7的双变量

分组结果显示，控制异质性波动后，资产增长投资组合中收益波动的"U型"趋势仍旧明显，也进一步表明本章所发现的资产增长投资组合中的收益波动和夏普比率的变动模式并不是由收益波动本身导致的。总而言之，收益波动的"U型"模式和夏普比率的"驼峰型"模式在总资产增长投资组合及其子资产增长投资组合中是稳健的。更进一步讲，当控制了市场贝塔、规模和异质性波动后，我们所发现的模式依旧很显著，在未给出的检测中，我们通过截面回归同时排除了三类因素交叉项的影响，这表明资产增长投资组合中收益波动和夏普比率的变动模式并不是由市场因素、公司特征或异质性波动导致的。

5.3 资产增长效应中收益波动与夏普比率变动模式的来源分析

在确定了收益波动和夏普比率模式的稳健性后，本节进一步分析资产增长投资组合中的因子结构，并尝试用其解释收益波动的"U型"模式和夏普比率的"驼峰型"模式。

5.3.1 资产增长效应的因子模型检验

为了解释本章所发现的"U型"收益波动和"驼峰型"夏普比率，我们首先对资产增长投资组合进行因子模型检验。表5-8的面板A给出了总资产增长投资组合各类因子模型的异常收益（α），本节用于检验的因子定价模型主要包括资本资产定价模型（CAPM），Fama-French三因子模型（FF3），Hou、Xue和Zhang四因子模型（HXZ）和Fama-French五因子模型（FF5）。在5%的置信水平下，在CAPM中，十组资产增长投资组合中有五组的异常收益显著不为零，在Fama-French三因子模型中有两组异常

表 5-8　因子模型检验

面板 A：因子模型异常收益

Port.	L_o	2	3	4	5	6	7	8	9	H_i	$L_o - H_i$
α^{CAPM}	0.27	0.26	0.19	0.16	0.07	0.08	0.02	-0.03	-0.07	-0.45	0.72
	(2.34)	(3.21)	(2.64)	(2.50)	(1.13)	(1.52)	(0.34)	(-0.39)	(-0.78)	(-3.38)	(3.97)
α^{FF3}	0.11	0.14	0.11	0.12	0.01	0.09	0.10	0.13	0.08	-0.25	0.36
	(1.10)	(1.92)	(1.65)	(2.13)	(0.23)	(1.83)	(1.57)	(1.65)	(1.09)	(-2.58)	(2.67)
α^{HXZ}	0.06	0.04	-0.07	0.07	-0.03	-0.01	0.16	0.36	0.25	0.00	0.06
	(0.57)	(0.50)	(-1.09)	(1.20)	(-0.59)	(-0.16)	(2.62)	(4.63)	(3.29)	(0.03)	(0.41)
α^{FF5}	-0.01	0.01	-0.06	0.07	-0.08	0.00	0.14	0.26	0.20	-0.01	0.00
	(-0.13)	(0.15)	(-1.05)	(1.23)	(-1.58)	(-0.06)	(2.41)	(3.47)	(2.82)	(-0.12)	(-0.01)

面板 B：双因子模型

	L_o	2	3	4	5	6	7	8	9	H_i	$L_o - H_i$
α	-0.05	0.12	0.06	0.08	-0.02	0.04	0.08	0.10	0.10	-0.05	0.00
	(-0.60)	(1.67)	(1.02)	(1.33)	(-0.41)	(0.85)	(1.26)	(1.32)	(1.32)	(-0.6)	(-0.02)
MKT	1.23	1.02	0.95	0.87	0.92	0.95	0.99	1.07	1.14	1.23	0.00
	(48.51)	(49.33)	(45.94)	(50.97)	(65.84)	(71.93)	(56.44)	(56.16)	(57.58)	(48.51)	(-0.03)
AG	0.45	0.18	0.17	0.11	0.12	0.05	-0.08	-0.19	-0.25	-0.55	1.00
	(14.82)	(9.46)	(5.58)	(7.02)	(4.90)	(1.80)	(-4.46)	(-7.64)	(-10.33)	(-18.21)	
R^2 (%)	86.60	85.10	85.86	87.11	88.97	89.49	90.32	84.69	87.82	90.74	100

收益在统计上显著不为零。CAPM 的最高与最低资产增长组合（$L_o - H_i$）的价值加权月度定价误差（α）为 0.72%（t 统计值为 3.97），而 Fama – French 三因子模型的定价误差为 0.36%（t 统计值为 2.67）。控制了市场因子和 Fama – French 三因子后，定价误差显著不为零，与第 4 章结论一致，CAPM 和三因子模型并不能解释资产增长投资组合的超额收益。然而，考虑投资因子和盈利因子之后，Fama 和 French（2015）五因子模型和 Hou、Xue 和 Zhang（2015）的四因子模型可以很好地解释资产增长溢价，两模型的定价误差在统计上显著为零，这一结果并不奇怪，因为两个模型中的投资因子均是基于总资产增长变量构建的。

实际上，一个包含市场因子（MKT）和资产增长因子（AG）的双因子模型就可以很好地解释资产增长投资组合的异常收益和大部分的时间序列变化。表 5 – 8 的面板 B 给出了本节构建的双因子模型的资产定价检验结果。当资产定价模型中同时包含了市场因子和资产增长因子时，十个资产增长投资组合的异常收益均无法通过"在统计上显著不为零"的原假设，表明该模型可以很好地解释资产增长溢价。此外，双因子模型可以解释投资组合收益中 84.69%—90.74% 的时序变化，资产增长投资组合表现出了很显著的双因子结构。

5.3.2 双因子模型的构建

考虑到资产增长投资组合的双因子结构，所有资产增长投资组合的收益都可以表示为市场因子和资产增长因子的加权之和。假设 r_1 为市场因子，服从正态分布 $r_1 \sim N(\mu_1, \sigma_1^2)$；$r_2$ 为资产增长因子，服从正态分布 $r_2 \sim N(\mu_2, \sigma_2^2)$。任何资产增长投资组合的超额收益都可以表示为如下形式：

$$R = r_1 + w \times r_2 \tag{5-1}$$

为简便起见，将市场因子暴露标准化为 1 单位，各投资组合的

资产增长因子暴露 w 有所不同。投资组合收益的方差和夏普比率则可以分别表示成如下形式：

$$\sigma_R^2 = \sigma_1^2 + w^2\sigma_2^2 + 2w\sigma_1\sigma_2\rho \tag{5-2}$$

$$SR_R = \frac{\mu_1 + w\mu_2}{\sqrt{\sigma_1^2 + w^2\sigma_2^2 + 2w\sigma_1\sigma_2\rho}} \tag{5-3}$$

其中，μ_1 和 μ_2（σ_1 和 σ_2）代表两个因子的均值（标准差），ρ 为两者的相关系数。本节首先检验资产增长投资组合夏普比率和 w 的关系。投资组合夏普比率对 w 的二阶偏导为 $-\mu_1\sigma_2^2 < 0$，因此，夏普比率为 w 的凹函数并在投资组合中有最大值。要得到夏普比率最大值，我们首先要计算出式（5-3）中夏普比率方程对 w 的一阶条件：

$$w^* = \frac{\sigma_1\left(\dfrac{\mu_1}{\sigma_1}\rho - \dfrac{\mu_2}{\sigma_2}\right)}{\sigma_2\left(\dfrac{\mu_2}{\sigma_2}\rho - \dfrac{\mu_1}{\sigma_1}\right)} = \frac{\sigma_1}{\sigma_2} \times \frac{SR_1 \times \rho - SR_2}{SR_2 \times \rho - SR_1} \tag{5-4}$$

其中，SR_1 和 SR_2 分别为两个因子的夏普比率。式（5-4）表明夏普比率最大的投资组合中的资产增长因子暴露（w^*）取决于预期收益、标准差和两个因子的相关系数。当 $\rho \approx 0$ 时，对上式进行泰勒展开：

$$w^* \approx \frac{\mu_2/\sigma_2^2}{\mu_1/\sigma_1^2} \tag{5-5}$$

式（5-5）为式（5-4）在 $\rho = 0$ 时泰勒展开的 0 阶项。在基于风险的范式中，式（5-5）是两个因子风险价格的比率。此外，w^* 为正值，表明有最高夏普比率的投资组合有偏正的资产增长因子暴露。

同时，还可以计算出 w^* 对 ρ 的偏导：

$$\frac{\partial w^*}{\partial \rho} = \frac{\sigma_1}{\sigma_2} \times \frac{SR_2^2 - SR_1^2}{(SR_2 \times \rho - SR_1)^2} \tag{5-6}$$

在实证样本中,资产增长因子的夏普比率比市场因子的夏普比率要高,即 $SR_2 > SR_1 > 0$,并且两因子是负相关的($\rho < 0$)。将式(5-4)泰勒展开的一阶项也考虑在内的话,可以得到一个比式(5-5)更高的资产增长因子暴露。表 5-1 中样本的资产增长中位数为 0.09,双因子模型的资产增长因子是通过十分组总资产增长投资组合的最低组和最高组的差值计算的,与 w^* 相联系的资产增长值很接近零,这与实证中的发现是一致的。

类似地,可以用式(5-2)来研究最小方差投资组合的性质。从该方程对 w 的一阶条件可以得出:

$$\hat{w} = -\frac{\sigma_1 \rho}{\sigma_2} \tag{5-7}$$

投资收益方差对 w 的二阶偏导($2\sigma_2^2$)为正,这表明资产增长投资组合中收益波动是 w 的凸函数,并且在 $w = 0$ 处有最小值,同样对应于零资产增长附近。

5.3.3 双因子模型校准

包含市场因子和资产增长因子的双因子模型可以用来解释资产增长投资组合中"U 型"的收益波动和"驼峰型"的夏普比率。为了验证模型的准确性,我们对本节构建的双因子模型进行了校准。在校准模型时,设定月度 $\mu_1 = 0.58\%$,月度 $\mu_2 = 0.42\%$,$\sigma_1 = 4.33\%$,$\sigma_2 = 5.48\%$,并设两因子的相关系数为 -0.3。图 5-3 画出了模拟的资产增长投资组合的收益波动和夏普比率的变动模式。与上文的实证结果一致。

在通过模型校准构建的虚拟投资组合中,标准差为 w 的凸函数,夏普比率为 w 的凹函数。此外,最小标准差和最大夏普比率皆出现在 $w = 0$ 附近,对应实证数据中资产增长截面分布的零资产增长值。

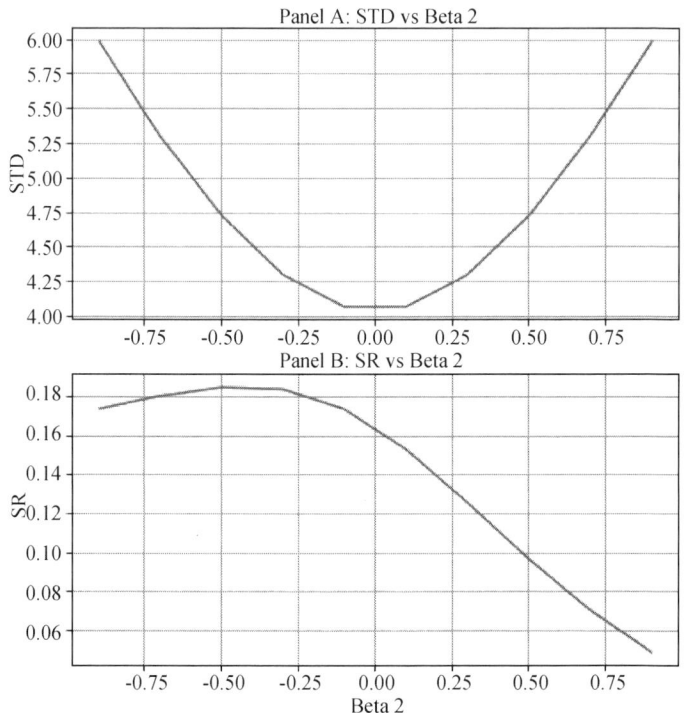

图 5-3 模型校准：资产增长因子的收益波动与夏普比率

5.4 本章小结

本章从均值—方差角度检验了资产增长效应中收益波动和夏普比率的特有模式。不同于资产增长和平均股票收益的截面负相关关系，本章发现资产增长投资组合中的收益波动呈现明显的"U型"模式，夏普比率呈现显著的"驼峰型"模式。而且，收益波动的最小值和夏普比率的最大值都出现在资产增长为零的投资组合附近，这一发现在各种情况下（如扩张的资产增长投资组合，子资

第 5 章 资产增长效应中的收益波动与夏普比率变动模式分析

产增长投资组合，控制市场贝塔、规模和异质性波动后的资产增长投资组合）都是稳健的。本章将这一发现与资产增长投资组合的双因子结构联系起来，在本书的样本数据中，一个包含市场因子和资产增长因子的线性双因子模型可以解释超过 80% 的资产增长投资组合的超额收益。控制这两个因子后，投资组合的异常收益几乎为零，同时证明这一双因子结构对于解释资产增长投资组合中收益波动和夏普比率的变动模式是很重要的。我们在这种双因子结构模型中得出了收益波动和夏普比率的解析关系，并用模拟的资产增长投资组合对模型发现的收益波动和夏普比率模式进行了校准，而模型校准的结果与实证发现是一致的，进一步表明双因子模型可以很好地解释资产增长投资组合中收益波动和夏普比率的特有模式。

结 论

近三十年来,有关资产定价的研究取得了很大的进展,因子模型已形成了一套较为完整的体系,基于投资的资产定价模型也进一步完善了资产定价理论。本书提出了扩展的 Q 理论并发现了影响投资—收益关系的资产不平衡机制,从多角度研究了资产增长效应和资产不平衡机制。本书从理论和实证角度证实了使用总资产增长指标构造的最新线性因子模型中的投资因子是合理的,并对当前学术界关于投资因子和 Q 理论的冲突给出了适当的解释。此外,在研究资产增长效应与资产不平衡机制时,我们还发现了资产增长投资组合中收益波动(由收益标准差 STD 衡量)与夏普比率有别于平均超额收益的变动模式,并深入探究了其影响机制。一方面完善了基于投资的资产定价理论体系,另一方面为实践中投资者投资策略的选择提供了一定的参考。本书的主要结论和创新点主要体现在以下三个方面:

(1) 扩展了基于投资的 Q 理论模型,提出了资产不平衡机制,对总资产增长对未来股票收益的预测能力强于长期资产增长和短期资产增长的预测能力这一现象给出了合理的解释,以此解决了 Cooper、Gulen 和 Ion (2017) 的研究中提出的用总资产增长构建投资—收益关系中的投资因子与 Q 理论之间的矛盾。本书将传统的仅包含实物资产的单资本投入框架扩展为同时考虑短期资产和长期资产的双资本投入模型,模型的最优投资条件表明,短期资产与长期资产之间的不平衡导致了短期资产增长与长期资产增长的反向变动,并且这一变动与贴现率无关。长期资产增长和短期资产增长中

结　论

均存在干扰项，由此导致的资产不平衡削弱了长期资产增长和短期资产增长对未来股票收益的预测能力，而在由两者加权所得到的总资产增长中两类干扰项被中和，从而使总资产增长包含了更有效的贴现率信息，能更好地预测未来的股票收益。实证研究的结果为本书发现的资产不平衡机制提供了有力支撑。本书的研究结论支持Q理论对资产增长效应的解释，认为用总资产增长构造投资因子与投资Q理论是一致的。同时，资产不平衡机制还为实践中的投资者选取投资组合提供了参考：资产不平衡水平较低的股票组成的投资组合更容易获得较高的超额收益。

（2）比较了2005年股权分置改革前后中国A股市场资产增长效应的存在性和资产不平衡机制在中国股票市场的适用性。研究认为，股权分置改革前中国A股市场不存在资产增长效应，资产不平衡机制也较弱；股权分置改革后中国A股市场存在明显的资产增长效应，资产不平衡机制也发挥了显著作用。股权分置改革之后中国股票市场有效性提高，由弱有效市场进化为半强式有效市场。Q理论是基于有效市场假说提出的，而本书对基于投资的Q理论定价模型的扩展可以作为检验市场有效程度的参考。股权分置改革的重要作用之一在于使得所有股票均可以上市流通，市场定价能力大大提升，流动性的差异是导致股权分置改革前后资产增长效应差异的重要原因。实证研究表明，股权分置改革基本完成后的样本中，中国A股市场的年度资产增长溢价为7.08%，存在明显的资产增长效应，并且本书模型中的资产不平衡机制在一定程度上可以解释不同类型的资产增长对A股股票收益的预测能力差异；而实证发现股权分置改革前的A股市场并不存在资产增长效应，对比研究表明股权分置改革是卓有成效的。

（3）基于扩展的Q理论模型，从均值—方差角度分析了资产增长效应，发现了资产增长投资组合中收益波动的"U型"模式和夏普比率的"驼峰型"模式，并构造了双因子模型对该模式进行解释。在研究资产增长效应时,除了资产增长与未来股票收益在截面上的负相关关系,本书还发现资产增长投资组合中有别于平均超额收益递减的收益波动明显的"U型"模式和夏普比率明显的"驼峰型"模式,并且两者的极值均出现在零资产增长的投资组合附近,稳健性检验表明这种形态是普遍存在的。资产增长效应中的收益波动和夏普比率的这种模式并不受公司规模、市场贝塔和异质性波动等因素的影响。本书所构建的双因子模型可以很好地解释这一模式。实际上,任何类型的资产增长投资组合的超额收益和收益波动均可以用该模型来解释。本书所发现的资产增长投资组合收益波动和夏普比率的特殊模式为实践中的投资者选取投资组合提供了一定参考:零资产增长附近的投资组合比一般的市场投资组合更有投资价值。

参 考 文 献

[1] Cochrane J H. Production – Based Asset Pricing and the Link Between Stock Returns and Economic Fluctuations [J]. The Journal of Finance, 1991, 46 (1): 209 – 237.

[2] Titman S, Wei K C J, Xie F. Capital Investments and Stock Returns [J]. Journal of Financial and Quantitative Analysis, 2004, 39 (4): 677 – 700.

[3] Xing Y. Interpreting the Value Effect Through the Q – Theory: An Empirical Investigation [J]. Review of Financial Studies, 2008, 21 (4): 1767 – 1795.

[4] Cooper M J, Gulen H, Schill M J. Asset growth and the cross – section of stock returns [J]. The Journal of Finance, 2008, 63 (4): 1609 – 1651.

[5] Hou K, Mo H, Xue C, et al. q5 [R]. [S. l.]: Ohio State University, 2018.

[6] Fama E F, French K R. Choosing factors [J]. Journal of Financial Economics, 2018, 128 (2): 234 – 252.

[7] Cooper M, Gulen H, Ion M. The Use of Asset Growth in Empirical Asset Pricing Models [J]. Working Paper, 2017.

[8] Li Z, Liu L X, Wei K C J. Digesting Anomalies with the q – factor Model in the China A – share Market [J]. Working Paper, 2020.

[9] Jiang F, Tang G, Zhou G. Firm Characteristics and Chinese

Stocks [J]. Journal of Management Science and Engineering, 2018, 3 (4): 259 – 283.

[10] Cochrane J. A Cross – Sectional Test of an Investment – Based Asset Pricing Model [J]. Journal of Political Economy, 1996, 104 (3): 572 – 621.

[11] Liu L X, Whited T M, Zhang L. Investment – Based Expected Stock Returns [J]. Journal of Political Economy, 2009, 117 (6): 1105 – 1139.

[12] Berk J B, Green R C, Naik V. Optimal Investment, Growth Options, and Security Returns [J]. The Journal of Finance, 1999, 54 (5): 1553 – 1607.

[13] Gomes J, Kogan L, Zhang L. Equilibrium cross section of returns [J]. Journal of Political Economy, 2003, 111 (4): 693 – 732.

[14] Zhang L. The Value Premium [J]. The Journal of Finance, 2005, 60 (1): 67 – 103.

[15] Carlson M, Fisher A, Giammarino R. Corporate Investment and Asset Price Dynamics: Implications for the Cross – section of Returns [J]. The Journal of Finance, 2004, 59 (6): 2577 – 2603.

[16] Papanikolaou D. Investment Shocks and Asset Prices [J]. Journal of Political Economy, 2011, 119 (4): 639 – 685.

[17] Kogan L, Papanikolaou D. Firm characteristics and stock returns: The role of investment – specific shocks [J]. The Review of Financial Studies, 2013, 26 (11): 2718 – 2759.

[18] Kogan L, Papanikolaou D. Growth Opportunities, Technology Shocks, and Asset Prices [J]. The Journal of Finance, 2014, 69 (2): 675 – 718.

[19] Li J. Explaining momentum and value simultaneously [J]. Management Science, 2017, 64 (9): 4239 – 4260.

[20] Anderson C W, GarciaFeijoo L. Empirical evidence on capital investment, growth options, and security returns [J]. The Journal of Finance, 2006, 61 (1): 171 - 194.

[21] Lyandres E, Sun L, Zhang L. The new issues puzzle: Testing the investment - based explanation [J]. The Review of Financial Studies, 2008, 21 (6): 2825 - 2855.

[22] Wu J, Zhang L, Zhang X F. The q - theory approach to understanding the accrual anomaly [J]. Journal of Accounting Research, 2010, 48 (1): 177 - 223.

[23] Liu L X, Zhang L. A neoclassical interpretation of momentum [J]. Journal of Monetary Economics, 2014, 67: 109 - 128.

[24] Goncalves A, Xue C, Zhang L. Aggregation, capital heterogeneity, and the investment CAPM [J]. The Review of Financial Studies, 2020, 33 (6): 2728 - 2771.

[25] Hou K, Xue C, Zhang L. Digesting Anomalies: An Investment Approach [J]. Review of Financial Studies, 2015, 28 (3): 650 - 705.

[26] Eisfeldt A L, Papanikolaou D. Organization capital and the cross - section of expected returns [J]. The Journal of Finance, 2013, 68 (4): 1365 - 1406.

[27] Tuzel S. Corporate Real Estate Holdings and the Cross - Section of Stock Returns [J]. Review of Financial Studies, 2010, 23 (6): 2268 - 2302.

[28] Lin X. Endogenous technological progress and the cross - section of stock returns [J]. Journal of Financial Economics, 2012, 103 (2): 411 - 427.

[29] Ai H, Croce M M, Li K. Toward a Quantitative General Equilibrium Asset Pricing Model with Intangible Capital [J]. Review

of Financial Studies, 2013, 26 (2): 491 – 530.

[30] Belo F, Lin X, Vitorino M A. Brand capital and firm value [J]. Review of Economic Dynamics, 2014, 17 (1): 150 – 169.

[31] Kung H, Schmid L. Innovation, growth, and asset prices [J]. The Journal of Finance, 2015, 70 (3): 1001 – 1037.

[32] Belo F, Lin X. The Inventory Growth Spread [J]. Review of Financial Studies, 2012, 25 (1): 278 – 313.

[33] Jones C S, Tuzel S. Inventory investment and the cost of capital [J]. Journal of Financial Economics, 2013, 107 (3): 557 – 579.

[34] Belo F, Lin X, Bazdresch S. Labor hiring, investment, and stock return predictability in the cross section [J]. Journal of Political Economy, 2014, 122 (1): 129 – 177.

[35] Belo F, Li J, Lin X, et al. Labor – force heterogeneity and asset prices: The importance of skilled labor [J]. The Review of Financial Studies, 2017, 30 (10): 3669 – 3709.

[36] Kumar P, Li D. Innovative Capacity and the Asset Growth Anomaly [J]. Available at SSRN 1963023, 2012.

[37] Titman S, Wei K, Xie F. Unexpected investment, overinvestment and stock returns [C] Financial Management Association (FMA) annual meeting. 2009.

[38] Li D, Zhang L. Does q – theory with investment frictions explain anomalies in the cross section of returns? [J]. Journal of Financial Economics, 2010, 98 (2): 297 – 314.

[39] Lam F E C, Wei K J. Limits – to – arbitrage, investment frictions, and the asset growth anomaly [J]. Journal of Financial Economics, 2011, 102 (1): 127 – 149.

[40] Gray P, Johnson J. The relationship between asset growth and the cross – section of stock returns [J]. Journal of Banking &

Finance, 2011, 35 (3): 670 -680.

[41] Yao T, Yu T, Zhang T, et al. Asset growth and stock returns: Evidence from Asian financial markets [J]. Pacific - Basin Finance Journal, 2011, 19 (1): 115 -139.

[42] Li X, Becker Y, Rosenfeld D. Asset growth and future stock returns: International evidence [J]. Financial Analysts Journal, 2012, 68 (3): 51 -62.

[43] Watanabe A, Xu Y, Yao T, et al. The asset growth effect: Insights from international equity markets [J]. Journal of Financial Economics, 2013, 108 (2): 529 -563.

[44] Li Q, Vassalou M, Xing Y. An Investment - Growth Asset Pricing Model [J]. Journal of Business, 2006, 79 (3): 1637 -1665.

[45] Fairfield P M, Whisenant J S, Yohn T L. Accrued earnings and growth: Implications for future profitability and market mispricing [J]. The Accounting Review, 2003, 78 (1): 353 -371.

[46] Brav A, Gompers P A. Myth or reality? The long - run underperformance of initial public offerings: Evidence from venture and nonventure capital - backed companies [J]. The Journal of Finance, 1997, 52 (5): 1791 -1821.

[47] Lyandres E, Sun L, Zhang L. The new issues puzzle: Testing the investment - based explanation [J]. The Review of Financial Studies, 2008, 21 (6): 2825 -2855.

[48] Solan R. Do stock prices fully reflect information in accruals and cash flows about future earnings [J]. The Accounting Review, 1996, 71 (3): 298 -315.

[49] Hirshleifer D, Hou K, Teoh S H, et al. Do investors overvalue firms with bloated balance sheets? [J]. Journal of Accounting and Economics, 2004, 38: 297 -331.

[50] Ahmed A S, Nainar S K, Zhang X F. Further evidence on analyst and investor misweighting of prior period cash flows and accruals [J]. The International Journal of Accounting, 2006, 41 (1): 51 -74.

[51] Lakonishok J, Shleifer A, Vishny R W. Contrarian Investment, Extrapolation, and Risk [J]. The Journal of Finance, 1994, 49 (5): 1541 -1578.

[52] Lipson M L, Mortal S, Schill M J. On the scope and drivers of the assetgrowth effect [J]. Journal of Financial and Quantitative Analysis, 2011: 1651 -1682.

[53] Titman S, Daniel K. Market Reaction to Tangible and Intangible Information [J]. The Journal of Finance, 2006, 61: 1605 -1643.

[54] Cooper M, Gulen H, Ion M. The Use of Asset Growth in Empirical Asset Pricing Models [J]. Working Paper, 2020.

[55] Chaney P K, Lewis C M. Earnings management and firm valuation under asymmetric information [J]. Journal of Corporate Finance, 1995, 1 (3 -4): 319 -345.

[56] McNichols M F, Stubben S R. Does earnings management affect firms' investment decisions? [J]. The Accounting Review, 2008, 83 (6): 1571 -1603.

[57] Richardson S A, Solan R G. External Financing and Future Stock Returns [J]. Rodney L. White Center for Financial Research Working Paper, 2003.

[58] Pontiff J, Woodgate A. Share Issuance and Cross -sectional Returns [J]. The Journal of Finance, 2008, 63: 921 -945.

[59] Fama E F, French K R. A five -factor asset pricing model [J]. Journal of Financial Economics, 2015, 116 (1): 1 -22.

[60] 叶建华. 公司不确定性, 投资者过度自信与资产增长异象 [J]. 管理评论, 2014 (12): 189 -197.

[61] 尚尔霄,赵世媛. 基于预期和未预期投资分解的我国资产增长异象分析[J]. 东北财经大学学报,2013(3):27-31.

[62] Qiao F. Replicating anomalies in China[J]. Available at SSRN 3263990, 2019.

[63] 缪雪梅. A股上市公司资产增长异象研究[J]. 西南金融,2014(3):54-55.

[64] 王茵田,朱英姿. 中国股票市场风险溢价研究[J]. 金融研究,2011(7):152-166.

[65] 张信东,李建莹. 盈利因子与投资因子具有定价能力吗?——来自中国股市的实证[J]. 金融与经济,2018(2):10-18.

[66] 叶建华,于国安. 中国上市公司资产增长异象的实证研究[J]. 山西财经大学学报,2012(6):53-60.

[67] 叶建华,周铭山,彭韶兵. 盈利能力,投资者认知偏差与资产增长异象[J]. 南开管理评论,2014(1):61-68.

[68] 林祺. 资本市场效率与资产增长异象——最优投资效应假说 vs. 错误定价假说[J]. 经济学(季刊),2016,15(1):767-796.

[69] 吴战篪,陈相伊,吴伟立. 融资融券制度与资产增长效应[J]. 会计研究,2017(6):89-95.

[70] 王宜峰,王燕鸣,吴国兵. 公司投资对股票收益的影响研究[J]. 管理评论,2015(1):103-113.

[71] 黄迈,董志勇. Q理论,融资约束与资产增长异象[J]. 经济科学,2012(3):50-60.

[72] Ang A, Chen J, Xing Y. Downside risk[J]. The review of financial studies, 2006, 19(4):1191-1239.

[73] Fishburn P C. Mean-risk analysis with risk associated with below-target returns[J]. The American Economic Review, 1977, 67

(2): 116 -126.

[74] Brav A, Heaton J. Competing Theories of Financial Anomalies [J]. The Review of Financial Studies, 2015, 15 (2): 575 -606.

[75] Cooper M J, Gulen H, Schill M J. The asset growth effect in stock returns [J]. Working Paper, 2009.

[76] Samuelson P. Proof That Properly Anticipated Prices Fluctuate Randomly [J]. Industrial Management Review, 1965, 6: 41 -49.

[77] Mandelbrot B. Forecasts of Future Prices, Unbiased Markets, and "Martingale" Models [J]. The Journal of Business, 1966, 39 (1): 242 -255.

[78] Fama E F. The Behaviour of Stock Market Prices [J]. Journal of Business, 1965, 38 (1): 34 -105.

[79] Fama E F. Efficient Capital Markets: A Review of Theory and Empirical Work [J]. The Journal of Finance, 1970, 25: 383 -417.

[80] Zacks L. The handbook of equity market anomalies: translating market inefficiencies into effective investment strategies: Vol 2 [M]. [S.l.]: John Wiley & Sons, 2011.

[81] Kahneman D, Tversky A. Prospect Theory: An Analysis of Decision under Risk [J]. Econometrica, 1979, 47 (2): 263 -291.

[82] De Bondt W F M, Thaler R. Does the Stock Market Overreact? [J]. The Journal of Finance, 1985, 40 (3): 793 -805.

[83] Lee C M C, Shleifer A, Thaler R H. Investor Sentiment and the Closed - End Fund Puzzle [J]. The Journal of Finance, 1991, 46: 75 -110.

[84] Barberis N, Shleifer A, Vishny R. A model of investor sentiment [J]. Journal of Financial Economics, 1998, 49 (3): 307 -343.

[85] Daniel K, Hirshleifer D, Subrahmanyam A. Investor Psychology and Security Market Under - and Overreactions [J]. The

Journal of Finance, 1998, 53 (6): 1839 -1885.

[86] Hong H, Stein J C. A Unified Theory of Underreaction, Momentum Trading, and Overreaction in Asset Markets [J]. The Journal of Finance, 1999, 54 (6): 2143 -2184.

[87] Tversky K A. Prospect Theory: An Analysis of Decision under Risk [J]. Econometrica, 1979, 47 (2): 263 -291.

[88] Odean T. Are Investors Reluctant to Realize Their Losses? [J]. The Journal of Finance, 1998, 53 (5): 1775 -1798.

[89] D'Avolio G. The market for borrowing stock [J]. Journal of Financial Economics, 2002, 66 (2 -3): 271 -306.

[90] Lowenstein R. When Genius Failed [M]. London: National Bureau of Economic Research, Inc, 2001.

[91] Shiller R J. Do Stock Prices Move Too Much to be Justified by Subsequent Changes in Dividends? [J]. American Economic Review, 1981, 71: 421 -436.

[92] Roll R. R2 [J]. The Journal of Finance, 1988, 43: 541 -566.

[93] Khan M, Kogan L, Serafeim G. Mutual Fund Trading Pressure: Firm - Level Stock Price Impact and Timing of SEOs [J]. The Journal of Finance, 2012, 67: 1371 -1395.

[94] Clark J M. Business Acceleration and the Law of Demand: A Technical Factor in Economic Cycles [J]. Journal of Political Economy, 1917, 25: 217 -235.

[95] Keynes J M. The general theory of employment, interest, and money [M]. [S. l.]: Springer, 2018.

[96] Jorgenson D W. Capital Theory and Investment Behavior [J]. The American Economic Review, 1963, 53 (2): 247 -259.

[97] Eisner R, Strotz R. Determinants of business invest-

ment. Research study two in: Impacts of Monetary Policy [J]. Englewood Cliffs, New Jersey, 1963: 59 - 337.

[98] Tobin J. A General Equilibrium Approach To Monetary Theory [J]. Journal of Money, Credit & Banking (Ohio State University Press), 1969, 1 (1): 15 -29.

[99] Robert E Lucas J, Prescott E C. Investment Under Uncertainty [J]. Econometrica, 1971, 39 (5): 659 -681.

[100] Gould J P. Adjustment Costs in the Theory of Investment of the Firm1 [J]. The Review of Economic Studies, 1968, 35 (1): 47 -55.

[101] Treadway A B. On Rational Entrepreneurial Behaviour and the Demand for Investment [J]. Review of Economic Studies, 1969, 36 (2): 227 -239.

[102] Uzawa H. Time preference and the Penrose effect in a two - class model of economic growth [J]. Journal of Political Economy, 1969, 77 (4): 628 -652.

[103] Lucas R, Jr. Adjustment Costs and the Theory of Supply [J]. Journal of Political Economy, 1967, 75 (4): 321.

[104] Sharpe W F. Capital asset prices: A theory of market equilibrium under conditions of risk [J]. The Journal of Finance, 1964, 19 (3): 425 -442.

[105] Mossin J. Equilibrium in a capital asset market [J]. Econometrica: Journal of the Econometric Society, 1966: 768 -783.

[106] Black F. Capital market equilibrium with restricted borrowing [J]. The Journal of Business, 1972, 45 (3): 444 -455.

[107] Fama E F, MacBeth J D. Risk, Return, and Equilibrium: Empirical Tests [J]. Journal of Political Economy, 1973, 81 (3): 607 -636.

[108] Banz R W. The relationship between return and market value of common stocks [J]. Journal of Financial Economics, 1981, 9 (1): 3 -18.

[109] Bhandari L C. Debt/equity ratio and expected common stock returns: Empirical evidence [J]. The Journal of Finance, 1988, 43 (2): 507 -528.

[110] Rosenberg B, Reid K, Lanstein R. Persuasive evidence of market inefficiency [J]. The Journal of Portfolio Management, 1985, 11 (3): 9 -16.

[111] Basu S. The relationship between earnings' yield, market value and return for NYSE common stocks: Further evidence [J]. Journal of Financial Economics, 1983, 12 (1): 129 -156.

[112] Carhart M M. On Persistence in Mutual Fund Performance [J]. The Journal of Finance, 1997, 52 (1): 57 -82.

[113] Stambaugh R F, Yuan Y. Mispricing factors [J]. The Review of Financial Studies, 2017, 30 (4): 1270 -1315.

[114] Daniel K, Hirshleifer D, Sun L. Short - and long - horizon behavioral factors [J]. The Review of Financial Studies, 2020, 33 (4): 1673 -1736.

[115] Barillas F, Shanken J. Comparing asset pricing models [J]. The Journal of Finance, 2018, 73 (2): 715 -754.

[116] Treynor J L. Jack Treynors' Toward a Theory of Market Value of Risky Assets' [J]. Available at SSRN 628187, 1962.

[117] Lintner J. Security prices, risk, and maximal gains from diversification [J]. The Journal of Finance, 1965, 20 (4): 587 -615.

[118] Cochrane J H. Asset pricing: Revised edition [M]. [S. l.]: Princeton university press, 2009.

[119] Zhang L. The investment CAPM [J]. European Financial

Management, 2017, 23 (4): 545 – 603.

[120] Hayashi F. Tobin's marginal q and average q: A neoclassical interpretation [J]. Econometrica, 1982: 213 – 224.

[121] Kogan L, Papanikolaou D. Economic Activity of Firms and Asset Prices [J]. Annual Review of Financial Economics, 2012, 4 (1): 361 – 384.

[122] Campbell J Y, Shiller R J. The dividend – price ratio and expectations of future dividends and discount factors [J]. Review of Financial Studies, 1988, 1 (3): 195 – 228.

[123] Jermann U J. Asset pricing in production economies [J]. Journal of Monetary Economics, 1998, 41 (2): 257 – 275.

[124] Vuolteenaho T. What Drives Firm – Level Stock Returns? [J]. The Journal of Finance, 2002, 57 (1): 233 – 264.

[125] Novy – Marx R. The other side of value: The gross profitability premium [J]. Journal of Financial Economics, 2013, 108 (1): 1 – 28.

[126] Carpenter R E, Fazzari S M, Petersen B C, et al. Inventory investment, internal – finance fluctuations, and the business cycle [J]. Brookings Papers on Economic Activity, 1994 (2): 75 – 138.

[127] Opler T, Pinkowitz L, Stulz R, et al. The determinants and implications of corporate cash holdings [J]. Journal of Financial Economics, 1999, 52 (1): 3 – 46.

[128] Bates T W, Kahle K M, Stulz R M. Why do US firms hold so much more cash than they used to? [J]. The Journal of Finance, 2009, 64 (5): 1985 – 2021.

[129] Ramey V A. Inventories as factors of production and economic fluctuations [J]. The American Economic Review, 1989: 338 – 354.

[130] Kraus A, Litzenberger R H. A State – Preference Model of Optimal Financial Lever – age [J]. The Journal of Finance, 1973, 28 (4): 911 – 922.

[131] Myers S C. The Capital Structure Puzzle [J]. The Journal of Finance, 1984, 39 (3): 574 – 592.

[132] Lemmon M L, Roberts M R, Zender J F. Back to the Beginning: Persistence and the Cross – Section of Corporate Capital Structure [J]. The Journal of Finance, 2008, 63 (4): 1575 – 1608.

[133] Whited T M, Zhao J. The misallocation of finance [J]. The Journal of Finance, 2021, 76 (5): 2359 – 2407.

[134] La Porta R. Expectations and the cross – section of stock returns [J]. The Journal of Finance, 1996, 51 (5): 1715 – 1742.

[135] Da Z, Warachka M. The disparity between long – term and short – term forecasted earnings growth [J]. Journal of Financial Economics, 2011, 100 (2): 424 – 442.

[136] Beltratti A, Bortolotti B, Caccavaio M. The stock market reaction to the 2005 split share structure reform in China [J]. Pacific – Basin Finance Journal, 2012, 20 (4): 543 – 560.

[137] 邓成刚. 上市公司分红配股及资产重组行为的研究 [J]. 金融经济, 2006 (9B): 129 – 130.

[138] 常进雄. 非流通股价值, 股改对价与解禁股减持回报 [J]. 财贸经济, 2009 (6): 29 – 34.

[139] 吴斌, 黄明峰, 汤颖梅. 股权分置改革有效抑制了中小股东利益受损程度吗?——基于双重差分模型的实证检验 [J]. 经济体制改革, 2011 (2): 127 – 133.

[140] Ho L – C J, Liao Q, Taylor M. Real and accrual – based earnings management in the pre – and post – IFRS periods: Evidence from China [J]. Journal of International Financial Management & Ac-

counting, 2015, 26 (3): 294 – 335.

[141] Loughran T, Ritter J R. Uniformly least powerful tests of market efficiency [J]. Journal of Financial Economics, 2000, 55 (3): 361 – 389.

[142] Fama E F. Market efficiency, long – term returns, and behavioral finance [J]. Journal of Financial Economics, 1998, 49 (3): 283 – 306.

[143] 白颢睿,吴辉航,柯岩. 中国股票市场月频动量效应消失之谜 [J]. 财经研究, 2020, 46 (4): 140 – 154.

[144] 赵胜民,闫红蕾,张凯. Fama – French 五因子模型比三因子模型更胜一筹吗?——来自中国 A 股市场的经验证据 [J]. 南开经济研究, 2016 (2): 41 – 59.

[145] Bordalo P, Gennaioli N, La Porta R, et al. Diagnostic Expectations and Stock Returns [J]. The Journal of Finance, 2019, 74 (6): 2839 – 2874.

[146] Kozak S, Nagel S, Santosh S. Interpreting factor models [J]. The Journal of Finance, 2018, 73 (3): 1183 – 1223.

[147] Jegadeesh N, Titman S. Returns to Buying Winners and Selling Losers: Implications for Stock Market Efficiency [J]. The Journal of Finance, 1993, 48 (1): 65 – 91.

[148] Fama E F, French K R. The Cross – Section of Expected Stock Returns [J]. The Journal of Finance, 1992, 47 (2): 427 – 465.